F

Divulgación

Nerea Pérez de las Heras

Feminismo para torpes

mr · ediciones

Certificado PEFC

Este libro procede de bosques gestionados de forma sostenible y fuentes controladas

PEFC/14-38-00305

www.pefc.es

Ediciones Martínez Roca es un sello editorial de Editorial Planeta, S. A.
Avinguda Diagonal, 662, 6.ª planta. 08034 Barcelona (España)
www.mrediciones.com
www.planetadelibros.com

© Imágenes de interior: p. 164, arriba: © Palazzo Barberini Rome - Fine Art Images - Album; p. 164, abajo: © Museo di Capodimonte Naples - Fine Art Images - Album
Adaptación de la cubierta: Booket / Área Editorial Grupo Planeta a partir de la idea original de © Marta Cerdà
Primera edición en Colección Booket: marzo de 2022

Depósito legal: B. 2.511-2022
ISBN: 978-84-270-4974-1
Impresión y encuadernación: Liberdúplex, S. L.
Printed in Spain - Impreso en España

Biografía

Nerea Pérez de las Heras es periodista y humorista. A lo largo de su trayectoria ha escrito en medios como *El País*, *SModa*, *Mujer Hoy*, *Vogue*, *Esquire*, *Marie Claire* y *Glamour*. Como humorista, su monólogo *Feminismo para torpes* ha cosechado un gran éxito y da título también a una serie de vídeos para el periódico *El País* en los que, desde el humor, critica los roles y comportamientos machistas de nuestra sociedad. En la actualidad colabora en varios medios audiovisuales y escritos, copresenta el podcast *Saldremos mejores* y continúa representando *Feminismo para torpes* y su nuevo proyecto teatral *Cómo hemos llegado hasta aquí* por escenarios de toda España.

Este libro es para la familia que me tocó:
Rosa, Ernesto, Aurora, Belén, Nano e Ignacio.
Y para la familia que elegí: Candela, Victoria y Rebeca.

Índice

¡MUJER, HAZ COSAS!

CREADORAS Y CREADAS

COSAS QUE PARECEN FEMINISTAS PERO NO LO SON

Introducción
El síndrome del comercial de cisternas

Estuve a punto de no terminar este libro por culpa de un síndrome premenstrual aniquilador y de un repentino déficit de autoestima. Lo primero es un cóctel de hormonas perverso contra el que nada se puede hacer, sus efectos son como los de las drogas recreativas pero al revés, de repente todo es peor, se apaga la luz del mundo. No se trata de ningún chiste, realmente creo que las que lo pasamos, que no somos todas, ni todos los meses, deberíamos optar al Nobel de la Paz solo por seguir atendiendo a las normas que regulan la civilización. Todo resulta triste o irritante o las dos cosas; te arrastras por la vida como un caracol dejando un rastro de serotonina y la cabeza se te llena de ideas tenebrosas; una grapadora que se atasca o un anuncio de hipotecas pueden convertirse en detonante del llanto, la ira o la desazón existencialista. Mi buena amiga Olga incluso se escribe cartas a sí misma con síndrome premenstrual para recordarse que hay luz al final del túnel del terror hormonal.

Recuerdo mis primeros síndromes premenstruales como una especie de posesiones diabólicas, no sabía qué pasaba, por qué estaba tan triste, por qué estaba tan negativa y susceptible, por qué estaba gateando por el techo y blasfemando en lenguas muertas en medio de nubes de azufre. No, en serio, no tenía ni idea de que aquel era un cuadro de síntomas común en algunas mujeres durante determinadas etapas de su vida y que si no había oído hablar de él, era por la misma razón por la que el líquido que simula nuestras secreciones en los anuncios de compresas es azul, porque por lo visto no conviene enfrentarse a todo lo que nos atañe solo a nosotras con demasiada seriedad, profundidad y realismo. Mejor mirarnos a distancia, incluso a nosotras mismas.

Pero no era solo esto lo que me tenía a punto de tirar la toalla a mitad de camino, después de todo tengo treinta y seis años, mi síndrome premenstrual y yo somos viejos enemigos, como Sherlock y Moriarty. Además del desbarajuste hormonal, había una repentina inseguridad, una falta de confianza en mis capacidades, una vocecita machacona que me decía que lo mejor que podía hacer era retroceder. «¿Qué tienes que decir tú que no se haya dicho ya?»; «¿Un libro? Imposible, tienes la autodisciplina de un bebé de cuatro meses». «Para»; «Abandona»; «¿No te apetece más hacer unas cuantas instastories del gato?»; «Si publicas esto te van a machacar». Los *haters* que me insultaban en redes sociales cuando publicaba artículos o vídeos sobre feminismo no eran nadie, eran animadoras con minifalda, comparados con el *hater* que tenía dentro de la cabeza y que en aquel momento se hacía escuchar más que nunca.

Se me estaba rompiendo la autoestima de tanto usarla; me producía una inquietud enorme estar tan segura de mis opiniones, mis experiencias y mi modo de articularlas como para plantarlas ahí, a la vista de todo el mundo. Hacerlo implicaba una confianza férrea en mis propias capacidades, falta de pudor, autoridad moral y también un poco de orgullo; actitudes que en el libro de instrucciones de cómo ser una mujer suelen venir acompañadas de un castigo.

Lo había visto en muchas mujeres de mi entorno: las creativas, las activistas, las que destacaban en su trabajo; y en otras a quienes había entrevistado siendo periodista: políticas, empresarias, escritoras. El castigo no era tanto el tradicional, clásico y entrañable «¿a quién se habrá tirado para llegar hasta aquí?», sino las voces cuestionadoras que venían del interior de cada una de ellas. De un tiempo a esta parte lo llaman «el síndrome de la impostora», ahora nos gusta categorizar y etiquetar todo, consiste en no considerarse merecedora de los propios méritos, consiste básicamente en escuchar al *hater* que vive dentro de tu cabeza cuando te dice que no eres para tanto y que los demás no van a tardar en darse cuenta.

Desde el momento en el que naces y un profesional sanitario te da un manguerazo y observa que estás equipada con una vagina, el mundo entero: tu familia, los dibujos animados, los anuncios, empieza a darte pistas, instrucciones o, en el peor de los casos, órdenes sobre tu papel en el mundo relacionadas con el hecho de que supuestamente eres una mujer. Estos mensajes varían según el momento histórico y el lugar, han ido desde «no tienes alma y eres una propiedad de tu padre o tu marido un poco más valiosa que una cabra» hasta «el resto de las mujeres son tus competidoras». A veces son más sutiles y a veces más directos: «Ten más tetas, no tengas lorzas, ten hijos, no tengas ambición, no tengas celulitis, no te intereses por la ciencia o la tecnología, no seas mandona, no seas autoritaria, no seas promiscua, no seas soltera». Los mandatos de última generación van más en la línea de «empodérate, tú puedes con todo», cosa que estaría muy bien si no fuera porque se superponen a las obligaciones de toda la vida en lugar de sustituirlas, pero este asunto merece un capítulo aparte. Este es un aparato complejo, antiguo, fuerte, y a través de las generaciones ha usado mil trucos para que bajemos la voz, potenciemos algunas partes de nuestro ser y encojamos otras para encajar retorcidas y a duras penas en el molde de lo que debe ser una mujer. Parte de ese mecanismo vive dentro de nosotras mismas, el pequeño *hater* de nuestras cabezas está muy bien alimentado por todos estos mensajes externos y preparado para actuar cuando queremos salir del molde.

Diréis que esto no es así, que no es una cuestión de género, que absolutamente todo el mundo está asediado por enemigos interiores, hasta los futbolistas, hasta Ryan Gosling, hasta Maluma escucha una vocecita en su interior que a veces le susurra que no es tan rematadamente sexy. La inseguridad es común a todos los seres humanos, excepto quizá a Kanye West, los hombres también reciben instrucciones y mandatos, obviamente, pero estaremos de acuerdo en que el molde en el que la sociedad pretende encajarlos es bastante más holgado, variado y confortable que el nuestro.

El caso es que, entre las hormonas y el condicionamiento social, estuve a punto de tirar la toalla. Pero entonces me acordé del comercial de cisternas.

El comercial de cisternas no es una metáfora de nada, se trata de un verdadero comercial de cisternas de váter llamado José María.

Le conocí trabajando en la redacción de una revista de moda a última hora de la tarde un día de cierre. Todo el mundo andaba tecleando con furia, consumiendo cafeína a deshora, paseando su estrés y su cabreo ida y vuelta desde la sección de Arte a la de Redacción. El *show* de todos los meses. Mi jefa, una de ellas, porque como redactora rasa sobre mí había niveles de autoridad hasta donde alcanzaba la vista, me dijo que teníamos una reunión justo en ese momento. ¿En pleno cierre? ¿A quién se le había ocurrido aquello? La reunión era con Publicidad y un potencial cliente que iba a encargar una serie de publirreportajes. De acuerdo, no había más que hablar, estas eran el tipo de gestiones que pagaban mi sueldo, así que dejé lo que estaba haciendo, que era volver a titular «Todo al rojo» un reportaje sobre pintauñas por millonésima vez en mi carrera periodística, puse una sonrisa tensa y acompañé a mi jefa a la sala de reuniones.

Allí estábamos todas con cara de agotamiento, mi redactora jefa, la jefa de Publicidad, la directora de la revista y yo; y con actitud alegre y relajada, José María, el comercial de cisternas.

No venía a hablarnos de cisternas de váter normales, no, se trataba de cisternas luminosas decorativas de última generación, «piezas», como él las llamaba, que «aunaban funcionalidad y diseño». El objetivo de la reunión era que su empresa de sanitarios y complementos para el baño pusiera publicidad en nuestro suplemento de decoración y nosotras siguiéramos cobrando nuestros sueldos. Pero antes, por lo visto, todas las presentes teníamos que «familiarizarnos con el producto».

«Con el sistema de sensores puedes activar la cisterna solo pasando la mano por delante. Todos los modelos se pueden programar para elegir el color de los leds. ¿Veis? Morado, rosa, azul, verde... el que quieras, para combinar con los colores del baño. Hay una línea de leds color pastel, azul y rosa, para baños de niño y niña».

Aquel hombre hablaba de cisternas con la dignidad y la vehemencia de un papa, era un ministro del Interior de las Cisternas, no había ni rastro de ironía en su voz y, ni por asomo, se le pasaba por la cabeza que a nosotras todo aquello de la gestión ultramoderna de los desechos humanos nos pareciera un esperpento. Yo ya me había olvidado de los pintauñas, solo podía imaginar a José María subiéndose los calzoncillos en un cuarto de baño corriente, lúgubre, de cualquier piso de Madrid, con acumulaciones de roña milenaria en las juntas del alicatado y pelos babosos de jabón en los desagües, activando orgullosísimo los sensores de movimiento de su cisterna de última generación.

Le habíamos dejado caer que estábamos «liadísimas» y que hoy nos tocaba quedarnos «hasta las tantas», pero José María no iba a marcharse de allí sin hacer el *show* completo. José María era un hombre con una misión. José María era el James Bond de las cisternas. La directora de Publicidad interrumpió su monólogo con un carraspeo.

«Yaaaa —dijo él tomando el ruido por una pregunta completa—. Estás pensando que qué haces si tiene una avería, ¿no? Pues facilísimo. En este esquema podéis ver cómo el sistema queda empotrado en la pared y, si tienes cualquier problema, el fontanero te coge y te accede al mecanismo desde este hueco sin romper la pared del baño. Esta es otra innovación importante».

Ahora os preguntaréis: ¿pero qué tendrán que ver las cisternas ultramodernas con el feminismo? Mucho. El feminismo baña la realidad en una luz clarificadora, una luz como de halógenos de quirófano a la se puede ver la verdad de todo. La escena: tres mujeres que ocupaban mandos medios en su empresa, yo era solo una currita, a última hora de la tarde del día más frenético del mes, estresadas, derrengadas, escuchando con educación a un hombre que les hablaba de cisternas como si fuera un asunto de Estado. Un hombre que se movía con aplomo por la sala de reuniones. Se recreaba, mostraba fotos del catálogo con baños inverosímiles de nave espacial, hacía pausas dramáticas y preguntas retóricas. ¿De dónde sacaba toda esa autoestima tan extraordinaria? Irradiaba amor propio. Su ego era algo enorme, mítico, gigantesco, yo quería cazarlo, despellejarlo y hacerme un abrigo para calentarme durante el invierno.

Respeto la pasión de José María por su trabajo, puedo incluso llegar a comprender que nuestros gestos de cansancio le pasaran desapercibidos, pero a la luz del feminismo, yo no podía evitar hacer sociología de lo que estaba pasando ahí. El de José María era uno de esos egos de señor que yo había aprendido a olfatear y detectar últimamente en las decisiones de los políticos que veía en las noticias, en la autoridad moral de los columnistas, en aquel taxista que no ponía el GPS porque «no hay mejor GPS que yo», en el tipo que vino a arreglarme el bote sifónico y salió de mi casa como si hubiera resuelto el conflicto entre Israel y Palestina, en medio millón de jefes que había tenido y también en medio millón de becarios. Era una sensación subjetiva y parcial claro, no existe un barómetro para determinar hasta qué punto un ser humano está encantado de conocerse, no hay forma de comprobar que los hombres, en general, tienen mayor autoestima que las mujeres, en general; pero yo, alumbrando la escena con la luz del feminismo, sentada en aquella sala de reuniones, no podía evitar pensar que cuando tu grupo humano es el que lleva tantos siglos detentando el poder, cuando los genios, los héroes, los que importan, los que están en los libros, los que son individuos y no parejas de, amantes de, madres de, esposas de, los que toman las decisiones se parecen tanto a ti, algo cala. Ahí estaba. El mismo mecanismo del síndrome de la impostora pero al revés.

Poco antes de aquella reunión que no se acababa nunca, una amiga que trabajaba en un programa de divulgación en la radio me había comentado lo complicado que le resultaba que fueran expertas, en lugar de expertos, quienes aceptaran prestarle testimonio[1]. No porque fueran escasas o menos competentes, sino porque solían pensar que no estaban suficientemente cualificadas para hablar de lo que se les proponía. «En cambio los hombres», me contó, «suelen decir que sí a la primera, aunque no les estés preguntando exactamente sobre su campo de especialización». No era el material del que disponíamos, sino la falta de inercia para dar un paso adelante y mostrarlo.

No está categorizado y etiquetado este sentirse bastante bien de serie, o al menos no estar demasiado programado para sentirte inseguro y juzgado, a lo mejor es porque todo lo que tiene que ver con los hombres se considera la norma y es lo exterior a su orden lo que procede marcar. Propongo una solución para esto, sugiero llamar a esta saludable autoestima de serie, a esta manera pizpireta de moverse por el mundo como si el mundo fuera el salón de tu casa, el síndrome del comercial de cisternas, es un poco largo, pero creo que funciona.

Yo había visto a demasiadas mujeres valiosas que han llegado a lugares importantes con todo en contra, sin viento en las velas, sufrir el síndrome de la impostora y a demasiados hombres corrientes estar encantados de conocerse, valorar su tiempo, alzar la voz e interrumpir seguros de la importancia de lo que estaban diciendo. A José María no le habían dicho casi nunca que su valor como ser humano aumentaba o disminuía en relación a sus lorzas o su calva, que tenía que ver con si decidía ser padre o no, José María había escuchado que había trabajos que

---

[1] Las mujeres son un 9 % de las personas expertas consultadas en los medios de comunicación *(http://www.rtve.es/noticias/20180307/sesgo-genero-medios-como-se-enfoca-solo-cara-moneda/1690280.shtml).*

no eran para él, pero eran tan insignificantes que le había dado igual, miraba a su alrededor y veía que los líderes se parecían mucho a él. Su mundo a veces se tambalearía, se enfrentaría a dificultades y temores, pero ninguno tenía que ver con su condición de hombre; al fin y al cabo, el molde físico y social en el que se le solicitaba encajar es mucho menos rígido y pocas cosas realmente interesantes quedan fuera de él.

Este es otro libro de feminismo, pero es el mío. No sé si merece que te lo leas, desde luego merece que yo lo escriba, que ninguna de las visiones sobre el cambio que estamos viviendo se pierda, mucho menos porque hagamos caso a la voz interior que nos dice que somos insignificantes y nos conviene bajar el tono. Tengo algunas cosas que decir y no habrá hormona o programación patriarcal que me impida decirlas. La primera es que necesitamos ensanchar nuestro molde, cambiar los mensajes que resuenan por todas partes y se incrustan en nuestra conciencia, desterrar a los *haters* de nuestras cabezas, estar cómodas, tomar posesión del mundo, cambiar nuestro síndrome de la impostora por el síndrome del comercial de cisternas.

EL MUNDO SIN GAFAS SUCIAS

1
Revistas femeninas: nuestras mejores amienemigas

Cuando tuvo lugar aquella reunión infernal con el tipo de las cisternas, yo ya había hecho el clic, me había dado cuenta de que el feminismo era necesario, me había caído del caballo como san Pablo en el camino de Damasco, me había dado el golpe en la cabeza y lo había hecho en un contexto que, a día de hoy, aún no sé si es el más insólito o el más lógico: una revista femenina.

Aquellas personas que ronden la veintena pueden no estar muy familiarizadas con el concepto de revista de moda, estilo de vida y actualidad dirigida a las mujeres. Bien, imagina todas esas cuentas de Instagram que te atrapan, te hacen evadirte y a la vez te producen un malestar extrañamente adictivo: las de *influencers* en alegre peregrinaje de evento en evento, gurús del *fitness* que sonríen a sus batidos de kale y levantan ruedas de camión maquilladas, viajeras profesionales, instamamis empujando el carrito de su quinto bebé dentro de unos vaqueros de la talla 36. Las revistas femeninas son como todo eso junto, pero llevan funcionando desde el siglo XIX y son de papel, por lo tanto, a diferencia de lo que sucede con el móvil, si se te cae un café encima, siguen funcionando.

Han sido muy importantes para construir lo que las mujeres creíamos que queríamos, lo que creíamos que necesitábamos para ser felices y encajar, desde ser un ama de casa ejemplar hace unas pocas décadas, a ser una ejecutiva del IBEX 35 con abdominales oblicuos en nuestros días. No es que las mujeres seamos idiotas, unos seres programables y sin voluntad cuyos deseos se pueden manipular, solo somos sensibles a los mecanismos de una estructura que azuza nuestros sueños y aspiraciones hacia una dirección concreta: nuevos iPads, pieles con menos poros que una encimera de mármol, bolsos con ciertos logos, y no otros, bien visibles y una lucha a vida o muerte con nuestro propio cuerpo para responder a unas medidas determinadas. Que nuestros deseos sean estos y no otros hace girar la rueda de la producción y el consumo y eso es común a hombres y mujeres. Tanto ellos como nosotras aspiramos a ser aceptados, tener éxito y hallar la felicidad. La diferencia es que solo a las mujeres se nos ha repetido por tierra, mar y aire que la llave del bienestar y la plenitud tiene que ver con conseguir un buen marido y tener el índice de masa corporal de un saltamontes. Recuerda, si te quedan fuerzas para levantar el cepillito de la máscara de pestañas, es que todavía estás un poco *curvy*.

Cuando hablo de revistas femeninas, incluyo también las webs y redes sociales con este perfil, todos los productos muy condicionados por la publicidad y no demasiado informativos que han contribuido mucho a reforzar los bordes de ese molde físico y social en el que tenemos que encajar las mujeres. Sus ideales han ido calando en nosotras hasta el punto de condicionar nuestra autoestima.

Pero no nos apresuremos a tirarlas al fuego, sería una injusticia, somos gente razonable. Son todo lo anterior, pero no solo lo anterior. Cuando digo que puede que una de estas redacciones sea un lugar bastante lógico para tomar conciencia feminista, es porque las revistas femeninas son como una placa de Petri en la que bullen y se retuercen muchas de las contradicciones a las que nos enfrentamos las mujeres de las sociedades en las que se han alcanzado altas cotas de igualdad, tienen aspectos positivos que merece la pena observar. Aquí nada es sencillo, amiga.

El planeta de las mujeres: de cómo me enteré de qué iba todo

Una sección de cuatro páginas encajonada entre reportajes de anticelulíticos y entrevistas a actrices de veintitrés años catapultó el feminismo al centro de mis preocupaciones. La sección se llamaba «Planeta mujer» y no estaba en un diario generalista, ni en un dominical, ni en una revista cultural, estaba en una revista de moda y estilo de vida para mujeres.

La maqueta de aquella sección siempre me llegaba con un pequeño espacio en blanco de aspecto inofensivo, un cuarto de página completado con texto falso, titulado «La cifra». Ese perverso vacío tenía que ser completado cada mes con un número relativo a la situación de la mujer en el mundo. Para alimentar aquel cuadradito tuve que bucear en el pantano de las estadísticas deprimentes. Informes de la OMS, de Unicef, de Amnistía Internacional, me iban escupiendo la realidad a la cara mes tras mes: 200 millones de mujeres que están vivas en este momento han sufrido mutilación genital en los treinta países de África, Oriente Medio y Asia donde se practica de manera habitual.

Cada ocho horas se produce una violación en España. Al año son más de 160.000 las denuncias por violencia de género. 12 millones de niñas son obligadas a casarse cada año. 12 millones. Toda la población de Bélgica. De media, las mujeres cobran entre un 20 y un 25 por ciento menos que los hombres. El 72 por ciento de las jornadas parciales en nuestro país están ocupadas por mujeres, no por elección; el 20 por ciento de ellas no trabaja a tiempo completo porque tiene niños, dependientes o ancianos a su cargo. Solo un 3 por ciento de los hombres trabaja a tiempo parcial por esta razón. Las mujeres dedicamos el doble de horas al trabajo doméstico y de cuidados...

En «La cifra», en las cifras, había una verdad que me apelaba directamente. Hasta entonces yo había vivido en la tierra mágica de Narnia, flotando por ahí, en un mundo de fantasía y paridad que solo existía en mi cabeza y pensando que el feminismo era algo muy necesario, pero en otros contextos, en otros mundos lejanos de burkas y vidas domésticas llenas de violencia. De repente tenía delante de mis narices un enorme marcador y una parte de la humanidad claramente iba perdiendo en demasiados partidos. Las cifras se referían a circunstancias que parecían muy distintas entre sí, pero eran tentáculos más o menos fuertes de un mismo monstruo que también me quería devorar a mí y que lo ocupaba todo: la economía, las costumbres, los relatos de ficción, la vida de las familias, las relaciones de pareja.

Los números por sí solos producían desazón, pero afortunadamente en aquellas páginas también había muchas historias. Por ejemplo, la de Cristina Elda Suaña, que vivía en una isla artificial hecha de una planta llamada «totora» en medio del lago Titicaca, en Perú. «La isla, las casas, las embarcaciones, la leña, la artesanía... todo es de totora», me contó. Un día llegaron unos viajeros holandeses a su casa flotante y les acogió como pudo. Se corrió la voz y vinieron más de todas partes. «Ya no tengo sitio para meter a tanto gringo». Con agua, personas y, claro, totora, Cristina construyó un proyecto de turismo responsable en las islas de los Uros y se convirtió en una líder en su comunidad. Organizó a su gente para traer camas, casitas flotantes y hasta cubiertos a su isla. «Busqué programas de capacitación para aprender hostelería. Quería recibir turistas sin intermediarios que nos tratasen como animales de un zoo». Lo hizo sola y sin Internet.

Intercambié muchos whatsapps con Raquel Saavedra, que en lugar de darse la vuelta, agachar la cabeza y seguir buscándose la vida cuando fue a pedir trabajo como estibadora en el puerto de Algeciras y le dijeron «No se admiten mujeres», se revolvió. Movilizó a sus vecinas, se peleó con la patronal, apretó los dientes para que le resbalaran las amenazas y después de cuatro años consiguió que, de los cuatrocientos sesenta contratos del puerto, más de veinte fueran para las mujeres. No para ella, claro, como muchas antes que ella, pagó el precio por derribar la barrera para que otras pudieran avanzar.

Viktoria Modesta también ocupó esta sección. Una negligencia médica en el momento de su nacimiento acabó por hacerle perder gran parte de la pierna izquierda a los veinte años, esta cantante y compositora británica no quiso sentirse incompleta, sino biónica. Hizo de la necesidad virtud, alegría, imaginación y barroquismo cubriendo el vacío con las prótesis más fantasiosas, pequeñas obras de arte que quedaron incorporadas a su deslumbrante singularidad en una industria llena de estrellas del pop tan perfectas y completas que ni siquiera parecen reales. Me dijo: «Mira, el mundo está lleno de personas retrógradas y aburridas y nadie las llama discapacitadas».

Gracias a este espacio pude entrevistar a Anna Ferrer, presidenta de la Fundación Vicente Ferrer y la mujer que trabajó al lado de su fundador como cooperante en la India rural, en la desesperación, en la pobreza extrema, durante cuarenta años hasta que él murió. Era paciente Anna, dura y paciente, miraba al horizonte de su labor y era capaz de ver los cambios operarse a través de las generaciones. Me contó que pasaron siete años hasta que ella y su marido pudieron hablar directamente con una mujer, al principio solo podían dirigirse a los maridos. «No podíamos tratar la igualdad, claro, empezamos trabajando por la educación y la higiene». También me dijo que no hay que rendirse nunca. La organización que aún preside en uno de los países más machistas del planeta beneficia a cerca de tres millones de personas.

No, las revistas femeninas no son perversos artilugios propagandísticos para hacernos sentir fracasadas, gordas, profesionales cutres y madres descuidadas y aburridas, incapaces de hacer un *banana bread* con harina integral decente, sin otro remedio que comprar las versiones *low cost* de las grandes marcas para llenar el vacío. Bueno, a veces sí lo son, pero no en su totalidad y no siempre. También han sido —son— los altavoces de estas historias desperdigadas en medio del *glamour*, que se supone que tanto nos interesa a las mujeres, un altavoz nada desdeñable en estos tiempos. ¿Cómo vamos a tirarlas al fuego?

Hoy en día, unas cuantas cabeceras se están ocupando de reinventarse para acompañarnos a las mujeres, que tanto hemos cambiado y lo que nos queda. Las paradojas siguen siendo muchas. En los contenidos se alternan editoriales de moda a precios prohibitivos con entrevistas a políticas, agendas culturales elaboradas confiando en la inteligencia de la lectora y consejos para adelgazar elaborados despreciándola, un reportaje que denuncia la situación de las niñas de Bangladesh obligadas a casarse antes de los quince años[2] y, tres páginas después, un bazar con los accesorios *low cost* más *hot* de la temporada fabricados por esas mismas niñas en condiciones infrahumanas. Cada mes de marzo, para celebrar el Día Internacional de la Mujer, los medios repasan los logros del feminismo en las secciones dedicadas a actualidad y entrevistas. Lo que se conmemora en esa fecha es la muerte de ciento cuarenta y seis obreras en el incendio de una fábrica textil en Nueva York, en 1911, esta tragedia queda lejos en tiempo y víctimas comparada con la del complejo fabril Rana Plaza en Savar (Bangladesh), en 2013, en la que murieron más de mil personas y más de dos mil resultaron heridas. Lo que se fabricaba en aquel infierno eran las prendas que llenan las secciones de moda asequible. En marzo y todos los meses del año. Las revistas femeninas se han convertido en una especie de extrañas y simpáticas amigas esquizofrénicas que con una mano sostienen una pancarta contra el sistema judicial patriarcal y con la otra te intentan vender un contorno de ojos de veneno de abeja.

¿Tu cabeza está a punto de estallar? Bienvenida al club. Imagínate yo que con estas mismas manos que ahora teclean reflexiones feministas he escrito: «Espabila, amiga, no vas a conseguir el culo que quieres sentada en el culo que tienes». Le di a mi lectora consejos para tener un cuerpo de modelo sabiendo perfectamente que mi lectora nunca iba a conseguir un cuerpo de

---

[2] Bangladesh tiene el índice más alto en el mundo de matrimonios de niñas menores de quince años según el informe *Ending child marriage* de Unicef. *Véase*: United Nations Children's Fund, *Ending Child Marriage: Progress and prospects,* UNICEF, Nueva York, 2014 (en línea: *https://www.unicef.org/media/files/Child_Marriage_Report_7_17_LR..pdf*).

modelo, básicamente porque posiblemente mi lectora no descendía de una larga estirpe de jugadoras de baloncesto balcánicas como la chica de la foto con la que ilustraba el reportaje. Hablé de *must haves*, es decir, de accesorios o tratamientos de belleza en términos de supervivencia, lo necesitas este otoño, lo tienes que tener, no puedes pasar sin él. Un maxibolso al mismo nivel que el oxígeno y el agua potable.

Pero escribir estas cuatro páginas una vez al mes me hizo despertar, y espero que también algunas despertasen leyéndolas.

Y mientras tanto, en el mundo de los hombres...

¿Sabéis cuántas veces he titulado un artículo «En femenino singular»? Mil millones. Si me hubieran dado un euro por cada vez que lo he hecho ahora estaría liándome porros con billetes de quinientos al borde de la piscina de Rihanna y contándole todas estas cosas a ella en vez de a vosotras. Pero nunca he titulado ningún artículo «En masculino singular». Nadie sabría a qué me refiero; ¿qué sentido tiene señalar que alguien es un solo hombre cuando vivimos en un mundo en el que la norma gira alrededor del hombre y lo que le concierne? Lo que es reseñable es referirse a una mujer, a un sujeto femenino y singular, por eso es tan fácil cercar a las revistas femeninas para someterlas a juicio, a todo lo femenino en realidad. Pero cuando volvemos la mirada al reverso masculino de las cosas, ay, es en las comparaciones cuando el absurdo machista brilla con más fuerza.

La foto de portada de la primera revista masculina en la que colaboré era un primerísimo plano de Peter Dinklage, el actor que interpreta a Tyrion Lannister en Juego de Tronos. Un hombre sin maquillar o imperceptiblemente maquillado, maduro, despeinado, serio y con acondroplasia. La foto tenía una iluminación dramática y Dinklage dirigía a la cámara una de esas miradas suyas que pueden asar un pollo. Era una buena foto del actor del momento transmitiendo lo que tiene que transmitir un actor, que es carisma y magnetismo, sin ningún enmascaramiento de ninguna de sus características físicas. En las revistas femeninas de las que venía, una *foto buena* era otra cosa. Esto ha cambiado en un puñado de ellas en los últimos años, pero por lo general la ausencia de maquillaje es impensable, la ropa que lleva la retratada se la prestan varias marcas que no creen en las tallas más allá de la 38 y en el resultado se retoca tanto que, a veces, incluso se prescinde de elementos que pueden enturbiar el *glamour* y la armonía de la imagen. Por ejemplo, un brazo.

Existía hasta una fórmula en clave: «No da en foto». Espero que haya desaparecido ya, quería decir que por muy interesante que fuera el personaje que proponías, si tenía la ocurrencia de, por ejemplo, tener sesenta años o triple papada, la extensión del reportaje se reducía mucho. «Es porque la imagen supone la mitad del contenido», te decían. No, la imagen no, la imagen de las mujeres. La imagen totalmente fuera de cánones de Peter Dinklage daba y sigue *dando en foto*. Da para portada y para las páginas que haga falta y no solo la suya. En otras portadas de la misma publicación, Benicio del Toro parecía recién levantado de una siesta de tres horas en una cuneta, Clint Eastwood, un árbol centenario y Woody Allen…, bueno, Woody Allen parecía Woody Allen. Dios mío, era una liberación, por fin podía entrevistar a gente importante sin tener en cuenta que en las fotos tendrían la pinta de algo que ha sido masticado y escupido. ¡Da igual! ¡Estamos hablando de tíos! Se les juzgará por lo que digan, no por el aspecto que tengan. En sus fotos lo que importa es la intensidad, el *carisma*, la verdad.

Trabajando en masculinas pasé de la lucidez al cabreo. Eso sí que era despertarse de una buena siesta. Las exigencias físicas no era lo único que cambiaba en este contexto. Por aquí ya no se hablaba de nutrición, sino de gastronomía; los *must haves* y el resto de imperativos se tornaban educadas sugerencias y en la sección de Belleza no había agujas, ni fotos de chicas con el cuerpo despiezado por marcas de rotulador como si se fueran a hacer cuatro juegos de párpados con la piel del culo, solo colonias. «Nos tienen ocupadas en chorradas», pensé, «esto tiene que ser una conspiración mundial, un plan maestro. Ellos se sienten James Bond con sus entradas y sus pelos en las orejas y siguen dominando el mundo tranquilamente, mientras que nosotras nos afanamos en tener menos pelos que un delfín. ¿Cómo ha podido pasar esto? Las revistas, la revistas deben de ser las culpables». Obviamente no, son a la vez parte del problema y parte de la solución.

Nuestras queridas amienemigas

Las revistas femeninas están hablando de feminismo. Le están dedicando páginas y páginas a aquellas cifras que hace diez años yo colocaba en un centímetro cuadrado y lo han hecho muchas veces a lo largo de su historia. Grandes escritoras como Joan Didion o visionarias de la imagen como Diana Vreeland se desarrollaron en *Vogue* o *Harper's Bazaar*. En 1987 se publicó el primer número de la edición española de *Marie Claire* en el que su directora, Ana Rosa Semprún, entrevistaba a Cory Aquino, presidenta de Filipinas. En aquellas páginas firmaban Juan Goytisolo, Carmen Rico-Godoy o Carmen Rigalt. En muchos momentos han sido espacios en los que se ha hablado de los obstáculos de las mujeres en la vida profesional, de maternidad, anticonceptivos, divorcio o aborto.

«El feminismo está de moda, si está presente en estas revistas es por puro marketing, simple análisis de mercado». No sé cuántas veces he escuchado cosas tan tristes como esta mientras escribía historias como las que me hicieron despertar hace una década. Quienes consideran una *moda* un asunto de derechos humanos y cambio social como el feminismo es porque no se han enterado de nada, les va a dar igual que se lo cuenten desde una revista de moda o en una sesión de hipnosis. Incluso si todos esos cínicos y amargados tienen razón y las motivaciones de las revistas de moda para hablar de feminismo son oportunistas y perversas ¿por qué no aprovechar su tirada, sus *newsletters* y sus mastodónticas redes sociales para que nuestro mensaje se imprima cuarenta mil veces y llegue a un millón de pantallas?

Sáltate todas esas páginas sobre compras y anticelulíticos o no lo hagas, pero trata con cariño a estas amigas esquizofrénicas llenas de publicidad, disparatados hábitos de consumo, cultura, historias de mujeres excelentes, accesorios de otoño y voces por el cambio. Personalmente las quiero y las valoro y he aprendido casi todo lo que sé en sus redacciones de otras mujeres brillantes. Tirarlas al fuego sería arrasar con una parte de nuestro relato, aunque no sea perfecta, y negar nuestras contradicciones.

2

Las gafas sucias. Qué es el patriarcado y por qué te conviene averiguarlo

La expresión «ponerse las gafas violetas»[3] hace referencia a cómo la conciencia feminista nos hace ver el mundo a través de un filtro diferente. Nunca me ha gustado demasiado; primero, porque las gafas violetas son un accesorio de estilo *neohippie* que me espanta, el equivalente en complementos a un atrapasueños, un horror, una terrible elección estilística incluso para una metáfora. Pero, sobre todo, porque la figura me parece poco efectiva; creo que tomar conciencia feminista se asemeja más a quitarse unas gafas sucias y pequeñas que alguien te colocó cuando eras una niña. Unas gafas que no son de tu talla ni de tu graduación y que, además, son muy feas, como de funcionario de Correos soviético, con una de esas monturas de metacrilato nada ergonómicas que dejan marcas rojas en el puente de la nariz.

---

[3] La expresión fue usada por Gemma Lienas en su libro *El diario violeta de Carlota* (Barcelona: Destino, 2013).

La conciencia feminista no implica ponerle al mundo un filtro de otro color, sino empezar a verlo tal y como es, sin la capa de roña y la lente defectuosa que nos lo enturbiaba todo.

Cuando te libras de ellas el campo de visión se amplía, empiezas a ver más lejos y más claro, los contornos difusos de las situaciones y los objetos se definen. Se hace mucho más fácil, por ejemplo, anticipar el peligro, identificar su verdadero origen y no darte de bruces contra las farolas en la calle. Es una sensación excitante, liberadora y nueva pero con toda esa nitidez también llega un poco de mareo.

Mis gafas estaban empañadas, pero no absolutamente mugrientas; algo podía vislumbrar, el feminismo estaba ahí pero no era el centro de mis preocupaciones, entendía muchas de las cosas que leía en los periódicos o en las redes como *casualidades*. ¿Que nunca ha habido una presidenta del Gobierno? Bah, todo llegará. ¿Que la foto del G20 parece la del colegio cardenalicio? Bueno, pero por ahí asoma la melena cobriza de Angela Merkel y eso tampoco nos tranquiliza, ¿verdad? ¿Que somos mayoría las que acabamos carreras universitarias, pero minoría en puestos directivos? Feminismo también es ELEGIR LIBREMENTE sacrificar tu trabajo para dedicar más tiempo a la familia, ¿no? Todo esto no son casualidades, son pistas.

Pruebas de que existe una estructura injusta con las mujeres: el sistema patriarcal. Te enteras y zas, de un día para otro, las gafas se hacen añicos. Un martes convives con todo lo que he enumerado ahí arriba y el miércoles estás tirando latas de cerveza llenas, alitas de pollo y gatos vivos a la televisión porque has visto siete segundos de *El Hormiguero*. Es como si hubieran encendido la luz en una habitación en penumbra y, de repente, descubriera que hay un montón de adultos por el suelo jugando al Twister.

Antes de ser feminista, por ejemplo, no habría localizado correctamente el hecho de que un intelectual me llamase «gallinita». Habría colocado estos sucesos en el ámbito de la anécdota personal. Lo que te pierdes sin ser feminista, ¿te das cuenta?

El patriarcado encarnado en un Señor de la Cultura

Sucedió poco antes de un 8 de marzo mucho menos espectacular y mediático que el de 2018. Yo llevaba unos meses en un trabajo nuevo que no viene al caso. Todas mis compañeras eran mujeres, otra vez, y antes de la fecha había estado haciendo un poco de campaña para que secundáramos el paro parcial. El único hombre en plantilla ocupaba un puesto de mando intermedio que tenía que ver con asuntos financieros. Solo pasaba por la oficina unos tres días a la semana, rondaba la edad de jubilación y era un gestor taciturno de sus cosas, le llamaremos el Señor de los Números.

Un viernes perezoso de esos, en los que el Señor de los Números no trabajaba, apareció por la oficina un tipo importante que colaboraba con nosotras como asesor externo. Le llamaremos el Señor de la Cultura.

Nos saludó a todas muy educadamente y se puso a intercambiar cotilleos profesionales con mis jefas. Tres personas adultas hablando un lenguaje común de su profesión. Todo en orden. Hasta que el Señor de la Cultura reparó en la ausencia del Señor de los Números y de manera relajada y casual comentó: «Bueno, bueno, qué tranquilas estáis las gallinitas sin el gallo en el corral». Pensé que había oído mal. ¿Con «las gallinitas» se refería a nosotras? ¿LAS GALLINITAS? De un puntapié nos envió a todas las presentes, de edades, méritos y categorías profesionales diferentes a un terreno común: el de las gallinitas. Él mismo llevaba diez minutos hablando con dos personas con las que compartía intereses, conocimientos, sensibilidad y estatus profesional, pero esas personas eran ante todo *gallinitas*. El gallo del corral era otro. En concreto el humano que tenía un pene y una corbata. La recepcionista, las directoras, la responsable de logística, yo, todas gallinitas, que en ausencia de la autoridad moral máxima, con toda seguridad, se comportaban como niñas borrachas en un internado, como un puñado de coristas díscolas que posiblemente se dedicaban a correr de un lado para otro como pollos sin cabeza, hacer peleas de almohadas y arreglarse las uñas.

La sociedad en la que vivimos nos coloca a las mujeres, feministas o no, siempre en la cuerda floja de la cordura, siempre a un pasito de ser una radical histérica si defiendes tus ideales políticos con vehemencia, de ser una zorra loca si levantas la voz en una discusión. Consciente de esta circunstancia, hasta aquel momento había ido dosificando las ocasiones en las que hablaba de machismo con mis compañeras, los enlaces que les mandaba al grupo de WhatsApp, las lecturas que les recomendaba. Sus percepciones, la mía, la de cualquiera que se haya criado en una sociedad machista, estaban entrenadas para colocarme en el terreno de la plasta obsesiva con gatos que siempre está dando la matraca con alguna causa; yo temía perder la atención y el respeto de esas mujeres tan valiosas aunque fuera por las razones equivocadas, así que prefería ir con paso lento. Pero aquel tío con su comentario sobre las gallinitas había pisado el acelerador a fondo, había cubierto de abono todo lo que yo había ido plantando en sus cabezas. Si toda la plantilla de mi oficina, jefes incluidos, fueran hombres y solo hubiera una mujer intermitente en un oscuro puesto contable, el Señor de la Cultura habría entrado diciendo: «Ey, patitos, qué tranquilitos estáis hoy sin mamá pata». NO LO CREO.

Para el Señor de la Cultura el aire se congeló. Miraba a su alrededor en busca de la sonrisa indulgente que estaba acostumbrado a encontrar después de este tipo de comentarios. Todas nos quedamos calladas y cruzamos miradas fugaces saboreando esa sensación agridulce que genera la indignación compartida. Mis jefas le despacharon abruptamente y volvieron a sus despachos. Todas secundamos los paros convocados para el 8 de marzo.

Antes de empezar a hablar de feminismo hay que hablar de patriarcado. Según la historiadora Gerda Lerner, que se ha ocupado de estudiar las relaciones entre hombres y mujeres desde el año 6 000 antes de Cristo hasta el #Metoo: «El patriarcado es la manifestación e institucionalización del dominio masculino sobre las mujeres y niños de la familia, y la ampliación de ese dominio sobre las mujeres en la sociedad en general»[4]. ¿Estaba el Señor de la Cultura ejerciendo un dominio sobre nosotras? No exactamente, pero nos estaba poniendo en nuestro sitio: el de las gallinitas según una inercia patriarcal. No es inocente camaradería, es un reconocimiento entre «iguales» que refuerza una estructura de poder, una lealtad de vestuario de polideportivo, de club de caballeros, la del señor que manda, conduce como hay que conducir, lleva el pan a casa y toma las decisiones. El patriarcado es una jerarquía invisible que está presente en esas complicidades entre jefe y becario que te ignoran a ti; en los jueces o policías que, ante una violación, empatizan con el sospechoso; en tu novio, que es un tipo encantador hasta que llega

---

[4] *Véase*: Lerner, Gerda. *La creación del patriarcado*. Barcelona: Crítica, 1990.

un fontanero a casa y, de repente, ambos empiezan a tratarte como si fueras imbécil. Se ve muy bien en cuanto alguien te hace saltar las gafas sucias de una colleja.

Los trucos para dejarte las gafas puestas

El patriarcado es como Alien, puede estar dentro de cualquiera, incluso de ti y parece que no hay manera de acabar con él. «Llevas tanto tiempo en mi vida que no recuerdo nada más», le dice la teniente Ripley, interpretada por Sigourney Weaver, al bicho babeante en *Alien 3*. El feminismo es el lanzallamas, la explosión, la compuerta que manda al monstruo al vacío una y otra vez, las que hagan falta.

«El feminismo es la noción radical de que las mujeres somos seres humanos». Confío en que esta frase de Cheris Kramarae esté impresa en suficientes camisetas como para que todo el mundo la haya leído ya, incluso entendido. Mi optimismo no tiene límites. Sin embargo, el feminismo está rodeado de prejuicios y obstáculos. Yo misma hace unos años era muy ignorante respecto al tema, imaginaba a las feministas como mujeres canosas y amargadas que calzaban Crocs y llevaban jerséis de cuello alto sin sujetador, lo quemaron un sábado loco allá por la segunda ola vociferando para reivindicar montones de cosas de las que yo ya dispongo. Puede que algunos de estos prejuicios vengan de ti misma, puede que otros te los hayan lanzado y te hayas quedado sin saber qué contestar. Volveremos a muchos de ellos con ejemplos e historias durante los capítulos que siguen.

- **Si queréis igualdad, ¿por qué no llamarlo «personismo» y no «feminismo»?** Eso sería invisibilizar la dirección en la que está el escalón y el hecho de que ese escalón existe por una diferencia, no de raza, religión u orientación sexual, sino de género.

- **El feminismo busca una situación de supremacía y privilegio para las mujeres.** Si esto fuera verdad, seríamos idiotas, estaríamos empezando la casa por el tejado. Todavía queda tanto para conseguir la equidad en tantos frentes distintos que tendríais tiempo de sobra para daros cuenta de nuestro plan de dominación mundial, así que tranquilos. Según el Foro Económico Mundial[5], se tardará más de un siglo en salvar la brecha de género. Si a partir del año ciento uno empezamos a copar todos los puestos de poder y forzar matrimonios con niños pequeños, podéis comenzar a preocuparos, hasta entonces, por favor, dejadnos trabajar en paz.
- **Sois demasiado radicales, os pierden las formas, os ponéis a la altura del machismo.** ¿Ah sí? ¿Igual de agresivas? ¿Seguro? Porque no recuerdo haber visto demasiadas circuncisiones forzadas ni violaciones en grupo a hombres durante las últimas manifestaciones del 8 de marzo. Y eso que es ahí donde nos volvemos realmente piradas, son como nuestras Fallas, como los Sanfermines feministas. Perdón por el sarcasmo, pero equiparar un discurso firme o agresivo, incluso un discurso emitido a chillido limpio y lleno de insultos, a un sistema patriarcal que quita vidas y obstruye la libertad es arriesgado.

---

[5] *Véase: The Global Gender Gap Report 2017*. Ginebra: Worl Economic Forum (2 de noviembre de 2017) (en línea: *https://www.weforum.org/reports/the-global-gender-gap-report-2017*).

- **Odiáis a los hombres.** Por supuesto que no, la lucha no es contra los hombres, sino contra el patriarcado; una estructura de poder que recorre todas las demás, está presente en la educación, en los medios de comunicación, en tu casa y en la cabeza de tíos como el Señor de la Cultura. Es tan fuerte y está tan instaurado que alguien como él puede llegar a ser muy respetado en su ámbito arrastrando todos esos prejuicios. A él, el machismo, la convicción de que los hombres tienen un papel preponderante en la sociedad, se le escapó en forma de ese «gallinitas»; a otros se les escapa con una hostia o un navajazo a su novia, al juez con una sentencia, al tipo empático y comprometido con un meme de una chica desnuda e inconsciente en un chat de WhatsApp, incluso a mí misma se me ha escapado asumiendo que un hombre o una mujer iban a actuar de una determinada manera solo por su género. Hay hombres muy concienciados y mujeres que no lo están en absoluto. Lo que detestamos las personas feministas es el machismo, no a los hombres. Afirmar lo contrario es tan absurdo como decir que todas las personas que no son racistas odian por definición a los blancos.
- **Las feministas siempre estáis enfadadas.** Sí, es cierto, siguiente cuestión.
  No, en realidad no estamos enfadadas siempre, pero sí frecuentemente. ¿Recuerdas las cifras del principio? Doscientos millones de mujeres que siguen con sus vidas en este momento han sufrido mutilación genital. Más personas que toda la población de Rusia. Y este es solo uno en un mar de datos. Creo que el verdadero problema lo tiene quien permanezca indiferente.
- **Las mujeres sois las más machistas.** Decía Simone de Beauvoir que «el opresor no sería tan fuerte si no tuviese

cómplices entre los propios oprimidos», esto es aplicable a todas las estructuras de desigualdad injusta. Ese machismo femenino se llama misoginia interiorizada, es el Alien que tienes dentro, ya sabes. Hombres y mujeres nos criamos en la misma estructura patriarcal y, por lo tanto, es fácil que asumamos muchas de las cosas que nos tratan de colar como naturales e inamovibles; igual que hay hombres que rechazan este sistema, hay mujeres que lo aceptan e, incluso, lo promueven. Pero no olvidemos que los hombres están en el lado beneficioso de la ecuación: que exista misoginia les pone en situación de privilegio, a nosotras no. Los comportamientos de los hombres machistas pueden ser letales; los de las mujeres machistas, casi siempre solo dañinos.

- **Es una moda.** Sí, de las que siempre vuelven, como los pantalones de talle alto y el lápiz de labios burdeos, llevamos ya tres o cuatro olas de esta moda de los derechos humanos y en cada *revival* hemos avanzado un poco más. Decir que el feminismo es una *moda* es una manera de deslegitimarlo, neutralizarlo, presentarlo como algo frívolo y pasajero, pero en realidad es una revolución que afecta, no a la mitad, sino a toda la humanidad. Cada vez que ha vuelto, las sociedades han cambiado de forma radical. Más te vale adoptarla, le queda bien a todo el mundo.
- **Las feministas primermundistas sois unas pijas que os quejáis de vicio en sociedades en las que ya está conseguida la igualdad efectiva.** Quien te diga esto, ha caído en su propia trampa. Si afirma que en España disfrutamos de altas cotas de igualdad, es porque reconoce que se puede comparar con las de otros lugares del mundo en las que la situación de las mujeres es peor. Incluso si fuera verdad

que en España ya estamos viviendo el sueño de la paridad (para pensar esto tienes que haber estado aislada de la realidad y de todos los medios de comunicación en una cueva de la Alpujarra granadina), ¿qué hacemos con el resto de las mujeres del mundo? ¿Debemos eliminar el feminismo de nuestras preocupaciones porque supuestamente son nuestras vecinas marroquíes o sudanesas las que lo sufren y no nosotras? El machismo se manifiesta de manera muy dispar en la vida de cada mujer: las españolas cobran menos que los españoles y las saudíes no pueden abrirse una cuenta bancaria, mientras que los saudíes sí. En ambos casos es una lucha necesaria.

- **Las feministas sois exageradas, susceptibles y no tenéis sentido del humor.** Sí, en realidad tenemos muchísimo, si no tuviéramos sentido del humor, quizá llevaríamos décadas quemando algo más que sujetadores[6]. Pero es posible que estemos cansadas de escuchar los mismos chistes, vosotros también lo estaríais si llevarais tres milenios en el lado malo de la broma oyendo chascarrillos sobre gatillazos y calvicie. El feminismo es una visión del mundo que incluye grandes dosis de humor para sobrevivir y se trata de humor bastante profundo.

---

[6] En realidad nunca quemamos sujetadores, es una *fake news* de los años sesenta. Este rumor viene de un hecho ocurrido en 1968 durante las protestas feministas contra el concurso de Miss America en Atlantic City. Las manifestantes metieron en bidones algunos objetos simbólicos de la opresión de las mujeres como zapatos de tacón, maquillaje y sujetadores, con la intención de prenderles fuego, pero nunca llegaron a hacerlo. La periodista Lindsy Van Gelder escribió un artículo para el *New York Post* comparando esta quema frustrada con la que los veteranos de Vietnam hicieron de sus tarjetas de reclutamiento.

3
Carta abierta al tío que me hace *mansplaining*

Querido hombre que me haces *manspreading* sin parar en el trayecto de La Elipa a Goya:

Tenemos que hablar de urbanidad y de un montón de cosas más. Nos vemos todas las mañanas de lunes a viernes, los dos cansados, empezando el día. A menudo nos sentamos juntos, yo respetando tu espacio vital, tú no. Tú te desmadejas, te expandes. Tú eres un entusiasta del *manspreading*, un virtuoso. Me fijo atentamente en tu postura, me inquieta mucho esa tensión perpetua, ¿no será demasiado para tus abductores? A ti te pasa desapercibida mi preocupación, vas pendiente del móvil y dando cabezadas, en estado casi líquido sobre un asiento y medio, un asiento y tres cuartos en los días malos.

Yo sé que tú sabes lo que es el *manspreading* porque en 2017, cuando el Ayuntamiento de Madrid quiso poner avisos en los vagones de metro y en los autobuses para evitarlo, tú escribiste un tuit diciendo que a ver si iba a venir Manuela Carmena a decirte a ti cómo te tenías que sentar.

Yo también lamenté aquella campaña, no te creas. Acababa de escribir un monólogo con unos chistes buenísimos sobre el *manspreading* y temí que, después de la labor de concienciación, de repente todo el mundo empezase a ocupar solo la superficie razonable en el transporte público para una correcta convivencia. Afortunadamente no fue así, los tíos seguís abriendo las piernas hasta que os cabe espacio urbanizable entre las rodillas así que mis chistes están a salvo. Menos mal, tantas políticas de fomento de la igualdad nos están dejando a las cómicas feministas sin recursos.

Hombre que me haces *manspreading* insistentemente en el trayecto de La Elipa a Goya, te voy a decir una cosa que quizá te sorprenda, esa postura tan complicada y molesta para los demás viajeros ni siquiera te apetece, la adoptas por socialización de género. Permíteme que te explique a lo que me refiero, no estarás muy acostumbrado a que las mujeres te expliquen cosas, sino más bien a lo contrario; eso también tiene que ver con la socialización de género, se llama *mansplaining*, felicidades, estás en el lado de la humanidad que se cayó en la marmita de la autoestima. La socialización de género es ese proceso por el que aprendemos los comportamientos y actitudes asociados a ser un hombre y ser una mujer[7]. ¿Qué quiero decir con esto? Pues que eso que haces no es anatómicamente necesario, el pene no se te va a gangrenar y desprender del resto del cuerpo si ocupas un solo asiento, tu cuenta espermática se mantendrá intacta. Tus genitales no necesitan todo ese espacio libre alrededor, tus genitales no sufren claustrofobia, pero tú tiendes a expandirte porque así te han enseñado que se sienta un hombre como Dios manda.

---

[7] Esto es largo de explicar, así que le hemos dedicado un capítulo entero: «La caja rosa y la caja azul».

Eres un tipo de estatura y peso medio, pero haces notar tu presencia más de lo necesario. Me recuerdas a mi gata, Paloma Picasso, que tiene cuatro meses y pesa lo mismo que un pollo tomatero pero se mueve, bufa y se eriza como si fuera un animal de dos toneladas. Mi gata lo hace porque, en lo más profundo de su código genético, queda algo salvaje que le dice que está en peligro y tiene que parecer grande y fiera, aunque la única amenaza a la que está expuesta en su vida diaria sea el robot aspirador. Tú abres las piernas porque en lo más profundo de tu educación, este gesto ha quedado incrustado como algo propio de los hombres. Un hombre en el sentido tradicional es alguien que ocupa un montón de sitio, hace bastante ruido y no sabe distinguir el azul petróleo del azul Klein, ni falta que le hace.

Esas costumbres que seguís Paloma y tú no os sirven para nada ni a ella en mi piso de la Elipa, ni a ti en la línea dos del metro de Madrid. Pero los dos vais sobrados de confianza, ella porque la he educado fatal y tú porque vives en una sociedad patriarcal en la que todo el rato recibes el mensaje de que tú y los que son como tú sois los que partís el bacalao.

Ocupar un asiento y medio responde a los gestos que se esperan de ti, los gestos que se esperan de mí son los opuestos: bajar la voz, cruzar las piernas, encoger. La feminidad tradicional se asocia a reducirse, ocupar poco, solo existe algo de margen de expansión si el espacio se va a ocupar con tetas. Todo esto no es ninguna tontería, hombre que me haces *manspreading* sin parar. ¿Has escuchado alguna vez que cuanto más feliz estás, más sonríes y que cuanto más sonríes, mejor es tu humor? Los gestos responden al estado de ánimo, pero también se puede seguir el camino opuesto: a fuerza de sonreír, acabas estando medio contenta, erguirse aporta aplomo, poner los brazos en jarras invoca un poco de seguridad en uno mismo o en una misma. Los gestos propios de mi género tienen que ver con menguar. Lo que acaba sucediendo cuando te reduces, te cruzas, te pliegas sobre ti misma, ocupas medio asiento disponible, es que algo en lo más profundo de ti va cayendo en picado hacia la insignificancia.

El *manspreading* es un «micromachismo», odio esta palabra. Me suena a versión monísima y peludita del machismo, un machismo en miniatura para los viajes. Creo que habría que empezar a llamar a los asesinatos, secuestros, violaciones y malos tratos «macromachismo» y a todo lo demás, incluido el *manspreading*, «machismo» a secas. Pero esto son cosas mías, hombre que me haces *manspreading*, no me hagas ni caso. Esto lo digo porque me pone de muy mal humor que se haya generalizado la palabra «feminazi», como insulto para las personas que nos tomamos demasiado en serio los derechos humanos, sin haber llegado jamás como movimiento a atentar contra la vida de nadie. ¿Ves la paradoja? Existe un término para denominar lo monstruoso y fascista que puede ser un movimiento totalmente pacífico: el feminismo; y un término que identifica la versión de bolsillo de una opresión asesina: el machismo. ¿Entiendes mi desconcierto? Seguro que sí.

A mí también me apetece hacer *Nereaspreading*, pero, volviendo a lo de la socialización de género, para ser canónicamente femenina conviene mantener las piernas cerradas, para ser femenina te tienen que sudar las ingles. Esto es problemático cuando eres propensa a los hongos vaginales. ¿Demasiada información? Qué quieres que te diga, si tu invades mi espacio, asumo que tenemos ya algo de intimidad para compartir ciertas cosas. Es curioso, hombre que me haces *manspreading* sin parar, cuando desafío los mandatos sociales y me expando hasta que tu rodilla y la mía se tocan, de repente te pones bastante tímido y violento. Te revuelves y me echas una mirada aniquiladora. Eso lo hago solo los días en los que he dormido mejor y tengo ganas de hacer un poco de microguerrilla feminista, que no son tantos.

Yo no quiero mandarte al Tribunal de La Haya por desparramarte como un chimpancé borracho, tú y yo somos dos obreros de camino a nuestro martirio capitalista diario en transporte público. Estamos en el mismo barco, pero podríamos estarlo un poquito más, podríamos estar viajando además en la misma clase. Solo te pido que reflexiones sobre lo diferente que es nuestra manera de desenvolvernos en el mundo y que te quites de una vez por todas de la cabeza esa idea de que todas esas micro y macrocostumbres tuyas que estorban, invaden o agreden a las mujeres son algo natural. No lo son. A mí también me encanta tener los genitales ventilados, pero vivimos en sociedad.

Con cariño,

Nerea

4
Paritorios para hombres

No, en serio, el espacio de este vagón en el que vamos todo el mundo con cara de sueño, hacia no sabemos muy bien dónde, está muy mal gestionado. Conviene intentar que el reparto del sitio disponible no dependa tanto de circunstancias que no podemos elegir como el lugar de nacimiento, el color de la piel, la orientación o la identidad sexual y sobre todo de lo que cada cual tiene entre las piernas.

Algunas personas llevamos demasiado tiempo sentándonos encogidas en este mundo, tenemos las lumbares hechas cisco, nos apetece estar cómodas ¿Crees que estoy exagerando? Espera y verás. Existen algunos ejemplos bastante disparatados de hasta qué punto el entorno no está adaptado a nosotras.

Hace un tiempo recibí el encargo de entrevistar a una de las ganadoras de un premio internacional de arquitectura. Se trataba de Marta Parra que, junto a Angela E. Müller, dirigen el estudio que se había llevado el IIDA de diseño de interiores en el ámbito sanitario, por el proyecto de un paritorio para la nueva unidad de parto del Hospital Universitario HM Nuevo Belén, en Madrid. Hasta ahí todo normal. Antes de la entrevista, estuve mirando imágenes del paritorio en Internet. Una habitación con cama normal, aparadores, un lavabo y un sillón cómodo para las visitas; solo había bañera en algunas. Como persona escasamente familiarizada con la reproducción humana, asocio el parto en el agua a una mezcla entre sofisticación y misticismo muy moderna, muy propia del parir contemporáneo, muy entre pija y *hippie.* Y pensaba que por ahí irían los tiros de la propuesta. Pero en aquellas salas no había pequeñas piscinas, no eran fáciles de distinguir de un dormitorio de catálogo de Ikea. Me parecían muy sencillas y estaba tan desencaminada que no acababa de comprender qué tenían de revolucionario. Aquellas salas de parto, además de cojines y una pelota de pilates, resultaron contener una de las más grandes lecciones feministas que me he llevado en la vida.

Yo asociaba el parto tradicional a un quirófano. Aparatos, luz fluorescente, instrumental, un potro metálico sobre el que la parturienta abre las piernas, todo color blanco o verde bilis. Así me lo habían contado mis amigas y hermanas que han sido madres y así lo he visto en las películas estadounidenses, chinas y europeas. Un parto es algo parecido a una abducción extraterrestre. Una escena en la que un montón de gente de aspecto amenazador se mueve alrededor de una mujer tumbada que chilla y jura, hasta que aparece un bebé pegajoso y entonces todo el mundo llora de emoción. Nuestra vida, la de las privilegiadas a las que nos toca nacer en países con altos niveles de desarrollo, empieza en lugares fríos y funcionales. Pero ¿funcionales para quién?

Marta Parra y su socia fundaron el estudio Parra-Müller, arquitectura de maternidades, para llevar a la práctica lo reivindicado y aprendido durante años militando en la asociación El parto es nuestro, fundada para mejorar las condiciones de atención a madres e hijos durante el embarazo, parto y posparto en nuestro país. Luego colaboraron con el Ministerio de Sanidad para evaluar y mejorar las instalaciones de las maternidades españolas. Desde entonces han diseñado áreas obstétricas y maternidades y están inmersas en el proyecto de un hospital público.

En el proceso tradicional de parir que aún persiste en muchísimos hospitales, la futura madre va pasando de sala en sala, desde el lugar donde empieza a dilatar hasta un quirófano tan humano y acogedor como el puente de mando de la Nave Interestelar USS Enterprise, en el que es inmovilizada sobre un potro. Marta me contó que todo ese proceso no solo no es necesario en términos sanitarios, sino que es contraproducente. Despersonaliza a la madre y la coloca en una especie de escaparate en una postura incómoda para ella, pero accesible para los médicos —hasta hace no tantos años exclusivamente hombres— que la atienden. Convierte una experiencia salvaje y emocionante en una burocracia médica.

Imagínate que los tipos que van a donar semen tuvieran que hacerlo en una habitación abierta con un abundante trasiego de gente, en una postura antinatural y dentro de un frasco que le resulta muy práctico a la enfermera, pero no al donante.

En la apabullante mayoría de los partos, lo que la madre necesita es moverse, sentirse lo mejor posible, dadas las circunstancias, y dejar que la naturaleza siga su curso. «La mujer que va a parir es una mujer sana y el ambiente en el que lo hace se ha estado tratando como cualquier espacio medicalizado del hospital. El parto requiere unas condiciones de tranquilidad e intimidad, no mover a la mujer de una sala a otra», me dijo Marta que había diseñado paritorios en los que todo lo necesario en términos médicos estaba presente, pero no a la vista. «Así la mujer no tiene la sensación de que está en un quirófano porque la inmensa mayoría de los partos no necesitan un quirófano». Yo iba a hacer una entrevista rutinaria y de repente sentía que me iba a estallar la cabeza. «Pero, Marta, ¿tú entonces lo que me estás diciendo es que ni siquiera los paritorios están adaptados a las mujeres?». Aquella era la conclusión, su estudio de arquitectura se había llevado un premio internacional en 2017 por adaptar un espacio público a las necesidades de las personas que lo van a usar. Bum.

Las estancias acogedoras en tonos beige de Parra-Müller no eran salas de parto más caras de construir, ni mucho más sofisticadas, ni exclusivas, ni raras, ni pijas, ni adaptadas a caprichos extravagantes, eran sencillamente el paritorio que hubiera existido desde los inicios de la medicina moderna si las decisiones las hubieran tomado las mujeres y no LOS SEÑORES. El protagonismo de los hombres es tal que ni siquiera el comienzo de la vida humana está adaptado a sus protagonistas, la madre y el bebé.

Hasta el siglo pasado los hombres eran los únicos que tenían acceso a las carreras de medicina y arquitectura, de manera oficial, claro. Las mujeres han ejercido la medicina siempre pero bajo títulos diferentes al de «doctora». A lo largo de la historia han sanado y asistido partos como curanderas, matronas, chamanas o brujas. En España, la primera mujer que se doctoró en medicina fue la leridana Martina Castells i Ballespí en 1882. Lamentablemente, fue solo un destello, una pionera. Su caso no se hizo norma hasta hace solo unas pocas décadas. También a mediados del siglo XIX, Margaret Bulkley[8] ejerció la cirugía, rea-

[8] Gracias a la correctora de este libro, Ana Sedano, que me descubrió estas y otras apasionantes historias.

lizó complicadas e innovadoras operaciones y alcanzó un alto rango en el ejército... haciéndose pasar por un hombre durante toda su vida. La encargada de desvestir al eminente doctor James Barry, como se hacía llamar, descubrió que era una mujer. Se hizo famosa, bueno, famoso, por mejorar las condiciones de presos y leprosos en Sudáfrica, pero sobre todo, y aquí vale la pena reflexionar, por realizar una de las primeras cesáreas exitosas de la historia.

Volviendo a nuestros días, el de los paritorios adaptados a los hombres es el ejemplo más claro que he encontrado de hasta qué punto las necesidades de las mujeres importan menos: es la Capilla Sixtina del machismo estructural y se sigue reproduciendo en los hospitales de nueva construcción.

También nos plantea una moraleja sobre cómo la perspectiva de género aplicada a nuestra vida diaria, o al inicio de nuestra vida en este caso, puede cambiar mucho la realidad más rotundamente física. Prueba a decirle a alguien que es necesario aplicar un enfoque de género para gestionar ciertos asuntos. Posiblemente tu interlocutor o interlocutora no familiarizado con el feminismo pondrá los ojos en blanco, te dirá que te vayas a quemar sujetadores y a pintar algo de morado con tus amigas. Este es un buen ejemplo de que el enfoque de género se refiere a algo tan importante, tan natural y aplastantemente lógico como resolver problemas atendiendo a quienes los tienen.

Esos días

Las arquitectas Parra-Müller tienen mi simpatía eterna por sus salas de parto que son una metáfora sólida de casi todo lo que anda mal con el patriarcado y también por otra de sus propuestas: han ideado unos váteres con un pequeño lavabo incorporado para baños públicos. El conjunto está pensado para que las usuarias de copas menstruales podamos aclararlas sin salir del cubículo con las manos manchadas de sangre como si acabáramos de cometer un asesinato ritual.

La copa menstrual es uno de mis temas de conversación favoritos desde que empecé a usarla hace unos tres o cuatro años. A lo largo de este tiempo, he tenido que vaciarla en baños públicos. Soy una pésima gestora de casi todo lo relacionado con la vida práctica en general, así que rara vez me acordaba de llevar conmigo una botellita de agua para hacer aclarados de emergencia en la intimidad del urinario. He tenido que salir del cubículo hecha una película de terror y empujando el picaporte con los codos ante la mirada, casi siempre muy muy comprensiva, de otras mujeres. Sinceramente, es una molestia mínima comparada con las ventajas que tiene este objeto para mí y para el medio ambiente. Me he convertido en una evangelista de la copa menstrual, le hablo de sus bondades a todo el que me quiera escuchar, eso explica los comentarios de mi perfil de Blablacar: «Puntual, educada y conversadora. Tratará por todos los medios de que dejes de usar tampones».

Es un dispositivo de silicona sencillísimo, cómodo, reutilizable durante años, barato e inofensivo para la salud. Se adapta a mi cuerpo, recoge mis emisiones con eficiencia y discreción y, además, lo puedo esterilizar en mi propia cocina. En una ocasión recibí a un empleado de Gas Natural, que vino a hacerme la lectura de consumo, con mi adorada copa y un *dildo* de silicona hirviendo alegremente en los fogones. El guiso estrella de la mujer contemporánea.

La adaptación a la copa menstrual no es fácil, sigue el modelo de Kübler-Ross de las cinco etapas del duelo: negación, ira, negociación, depresión y aceptación, que se desarrollan de la siguiente manera.

Negación: Te cuesta abandonar las viejas costumbres después de una vida entera usando tampones y compresas, te resistes a ver las ventajas de un sistema nuevo que además te obliga a tener más contacto con tus fluidos del que acostumbras. Piensas que tus amigas forofas de la copa menstrual son unas *hippies* y, aunque vas a un festival de música cada dos años, la posibilidad de tener que vaciar la copa en un urinario portátil te parece una pesadilla de película de Cronemberg.

Ira: Un día la pruebas. Dios mío, ¿por qué habías sido tan imbécil? Piensas en todo el dinero invertido al mes en tampones y compresas, podrías haber dado la vuelta al mundo si alguien te hubiera dado una copa menstrual reutilizable con quince años[9]. Piensas que alguien debería haberte avisado antes, que todas tus amigas *hippies* deberían haber insistido más. Reparas en lo absurdo que es todo lo que rodea al ciclo menstrual, el líquido azul de los anuncios, el hecho de que algunas compresas estén perfumadas y te hagan oler como un ramo de peonías en una carnicería cuando tienes la regla. Todo es un disparate.

Negociación: Empiezas a incorporarla a tu vida y extender sus virtudes. Te conviertes en una de tus amigas *hippies*.

Depresión: La peor parte junto a la ira. Caes en la cuenta de la cantidad de desperdicios plásticos y de celulosa que has producido a lo largo de tu vida. Piensas en todos esos aplicadores

---

[9] Existen webs con las que puedes calcular lo que has gastado en tampones y compresas a lo largo de tu vida para que tomes conciencia de si suponen el equivalente a un par de cenas de estrella Michelín, un bolso de Prada, un crucero... Y así sucesivamente en función de tu edad y la abundancia de tus periodos.

de plástico con forma de pequeños zeppelines tan aparatosos e innecesarios flotando en el mar, obstruyendo las vías respiratorias de las tortugas y las aves zancudas. Piensas en todos los químicos y blanqueantes que incorporan los tampones y que te has metido en tu queridísima vagina. También en el susto que te pegaste de pequeña cuando en el prospecto de la caja leíste lo que era el Síndrome de Shock Tóxico[10].

Aceptación: Quieres que todo el mundo pase por lo mismo que tú y empiece a usarla, así que hablas mucho de ella; sobre todo en los viajes en Blablacar.

Según la ONU Mujeres, alrededor de un 26 por ciento de toda la población humana menstrúa. Eso es mucha gente. Aunque esta es una experiencia tan cotidiana, universal y humana como dar a luz, hay muchos países en los que la menstruación está asociada a supersticiones y estigmas. En algunos lugares del mundo, menstruación es igual a desescolarización; en otros, sencillamente está rodeada de mitos y desinformación. No te vayas muy lejos, también estoy hablando de mi país, del tuyo.

Allá va otro ejemplo de cómo los asuntos de las mujeres, incluso los más cotidianos y acuciantes, se invisibilizan.

Estando yo en pleno romance con mi segunda copa menstrual, allá por 2016, leí en los periódicos que una formación política había propuesto hablar en los institutos de métodos alternativos de recogida del sangrado menstrual. Ponían en cuestión los talleres que las empresas de tampones y compresas impartían a las estudiantes con el fin de promocionar productos muy contaminantes y demasiado caros para ser una necesidad básica. Me

---

[10] Se trata de una enfermedad muy poco común pero grave. Los prospectos de los tampones incluyen una advertencia porque está asociada a su uso en alrededor de la mitad de los casos.

alegré muchísimo de leer aquella noticia, de que se hablase de la regla desde el ámbito público, ya estaba un poco cansada de sacar adelante en solitario la cruzada por el uso de la copa menstrual. Por fin se trataba como un tema de interés ciudadano y una competencia política algo tan importante en la salud y la economía[11] de las mujeres. Aunque fuera desde el pleno de un Ayuntamiento, el tema finalmente salía de nuestras bragas y entraba en el panorama político.

La formación era la CUP y el Ayuntamiento, el de Manresa; pero este dato no es relevante para lo que me interesa destacar: la reacción que generó esta moción en redes sociales, comentarios a artículos en la prensa digital, incluso entre los propios políticos. Abundaban los insultos y los chistes, pero esta amargura es frecuente en todo lo relacionado con la política en un panorama tan polarizado como el nuestro. Lo que me dejó perpleja fue el desprecio, el enfoque de aquel tema como una chorrada o como un asunto íntimo, como algo, ya no secundario, sino directamente irrelevante. Incluso voces afines a la ideología de aquel partido que, insisto, es lo de menos, andaban diciendo que si aquello era una broma, bien escatológica y de pésimo gusto además. Que buena gana de andar debatiendo minucias que no se encuentran entre las preocupaciones de los ciudadanos. Pues claro que no, imbéciles, a *los ciudadanos* no les preocupa nada, nos preocupa a las ciudadanas.

La mitad de la humanidad sangra unos días al mes durante casi toda su vida adulta, miles de millones de personas. *Los ciudadanos* no forman parte de esa mitad de la humanidad, solo los

[11] En 2018, el IVA de tampones y compresas bajó del 10 por ciento al 4 por ciento al contemplarse por fin —insisto, en 2018— que se trataba de un producto de primera necesidad. Dos mil. Dieciocho.

varones trans. Pero son *los ciudadanos* quienes llevan siglos decidiendo lo que es relevante y lo que no.

Todo en este mundo, ya sea importante, ridículo, gracioso o asqueroso, se ha venido midiendo con parámetros masculinos. Podemos hablar de ello en abstracto o con ejemplos muy reales, como el de la regla y su gestión. Ejemplos que pringuen, que se puedan oler y tocar; ejemplos cuantificables en millones de euros, de gasto y de impuestos, en toneladas de basura, en litros de vertidos químicos blanqueantes. La socialización de género que se nos aplica de manera diferenciada a hombres y mujeres no es un concepto lejano, es lo que te espachurra en el metro, en la vida, en la política.

El rasero para evaluarlo absolutamente todo es injusto por ser incompleto y por estar rotundamente masculinizado; y la perspectiva de género existe para cambiar esta circunstancia. Esto no es un discurso, ni una línea de pensamiento, es una manera de vivir la realidad. Aplicar la perspectiva de género tiene un poder transformador enorme. La perspectiva de género es el despatarre intelectual que te ayuda a ocupar todo el espacio que te corresponde en este mundo. Es la palanca que saca los problemas de las mujeres del ámbito de lo secundario y ridículo y los lleva a los parlamentos y los plenos de los ayuntamientos. Cambia el mundo. Hay que cambiarlo YA porque sin feminismo es un lugar tan delirante que ni los paritorios están pensados para las mujeres.

5
Feminismo para torpes

Dos chicas ojean un libro, se detienen en una foto a toda página de Gandhi.

CHICA 1: Y este, ¿quién es?

CHICA 2: Es Mahatma Gandhi. Un político indio, el de la resistencia pasiva, ¿te suena? Un pacifista.

CHICA 1: Uf, qué plastas los pacifistas. Siempre hablan de lo mismo, no sé de qué se quejan, si ya hay paz, ¿tú ves alguna mina antipersona por aquí? ¿A que no? Qué gente más pesada, por favor. ¿Qué lleva puesto en esa foto? ¿Una cortina?

CHICA 2: Ya, se lo podía haber currado un poco, ¿eh? Es un cuadro de comedor todo él entero. Mira las gafas esas redondas, ¿pero este hombre no tendría amigas que le dijeran que esas gafas van fatal con la estructura de su cara y con la calva? Se puede ser pacifista y prestar un poco de atención a la moda, creo yo.

CHICA 1: Espérate, aquí dice que come lácteos, así que tan pacifista no sería.

CHICA 2: Uy, no no, que por lo visto hacía huelga de hambre sin parar.

CHICA 1: Pues para hacer huelga de hambre, no estaba tan delgado. Esa cortina que lleva es de una talla 38 mínimo. También te digo que una huelga de hambre no te sirve para nada si no tonificas los brazos. La cara de amargado sí que la tiene.

CHICA 2: Sí, tiene pinta de que le vendría bien un buen polvo. Además, qué exageración una huelga de hambre. No sé yo si hace falta ponerse así de radical.

CHICA 1: Este no es un pacifista. Es un pacifinazi.

Después de meses metida en una redacción, buceando en aquella ciénaga de cifras sobre la situación de las mujeres y las niñas en el mundo; tras la destrucción definitiva de mis gafas sucias y de la observación de todo comportamiento, noticia, cotidianidad o jerarquía a mi alrededor con esta lucidez recién estrenada, yo era una persona con conciencia feminista. Y ahora, ¿qué? Podía seguir observándolo todo pasivamente hasta desarrollar una úlcera, o tratar de cambiar algo en la medida de las posibilidades. Opté por emprender el mismo camino que había seguido con la copa menstrual: evangelizar.

Pero la resistencia es grande porque el cambio que supone el feminismo implica arrancar de raíz las costumbres establecidas, trastocar la normalidad instaurada en nuestra mentalidad y en todo lo demás. En otras palabras, es algo que a primera vista parece incómodo y que produce muchísima pereza. La resistencia, como pude comprobar, está muy bien entrenada. Quienes consideran el feminismo algo irritante, innecesario o incluso demasiado radical, hombres y mujeres, son como marines de la negación. Tienen varios golpes rápidos y ensayados para responder cuando intuyen que vas a empezar a ponerles la cabeza como un bombo:

- Ya hay igualdad efectiva total y universal; yo he podido estudiar la carrera que quería y mi novio sabe cambiar pañales.
- Los hombres y las mujeres ocupamos lugares diferentes porque somos biológicamente distintos y desde los hombres de las cavernas (insertar aquí cualquier costumbre paleolítica para justificar por qué no sabes poner el lavavajillas / mandas memes machistas / odias a las gordas).
- No todos los hombres somos violadores o maltratadores, cosa que invalida absolutamente tus argumentos y demuestra que el patriarcado no existe.
- Los hombres cis, blancos y heterosexuales del primer mundo también sufren, cosa que también invalida todos tus argumentos y demuestra igualmente que el patriarcado no existe.
- Por supuesto que me he dado cuenta de que el mundo no está para nada equilibrado, que hay pocas mujeres en puestos de poder y muchas en situación de violencia solo por el hecho de ser mujeres. Habría que buscar algún tipo de solución; no sé... alguna clase de movimiento social, de lucha colectiva, habrá que hacer ciertos cambios en la educación para que no se perpetúe la injusticia. Lo que deberíais hacer las mujeres es organizaros y poneros las pilas para inventar algo así y dejar de dar el coñazo con el feminismo.
- El machismo no existe porque en mi casa manda mi madre.

Hay muy poca gente explícitamente machista o antifeminista, pero muchísima que tiene objeciones al feminismo, que despliega una especie de línea defensiva. Esa es una reacción normal si te ponen delante un espejo y lo que ves no te gusta demasiado. Cuando alguien que no había pensado demasiado en el machismo empieza a escuchar que no es necesariamente brutal y violento, sino que se manifiesta en pensamientos y rutinas, posiblemente hará un repaso mental por sus propios tics y prejuicios y, aunque sea mínimamente, se reconocerá en ese retrato tan feo: sentado o sentada plácidamente a la mesa en Nochebuena mientras su madre y su abuela cocinan, organizan y limpian para toda la familia, o asumiendo que una chica joven se pone en peligro a sí misma si se viste de determinada manera, o quizá desconfiando de la pericia de una taxista mujer. El camino sencillo es buscar cualquier estratagema posible para evitar el trabajo de transformar los automatismos y sencillamente negar la mayor y seguir tranquilamente con tu vida.

El feminismo es algo liberador, revolucionario, imprescindible, prioritario y yo quería que al menos mi entorno inmediato estuviera concienciado sobre su importancia. Ser feminista no es un pasatiempo, consiste en ver el mundo de otra manera, ser feminista se parece más a hablar un determinado idioma que, por ejemplo, a apoyar a un partido político. La comunicación fluye con quienes han tomado conciencia, aunque sea mínimamente, y se estanca con aquellos que están satisfechos con las cosas tal y como están. Así que si yo andaba predicando, era casi por cuestión de supervivencia social; quería hablar la misma lengua con el máximo de personas posible.

Para eso tenía que captar la atención de la gente antes de que optasen por ignorarme, en cuestión de segundos, justo antes de que se dieran cuenta de que los estaba metiendo en un terreno emocionante, bello y repleto de aventuras pero un poco escarpado. La solución pasaba por jugar con esa ventana de atención, quizá lo que tenía que hacer para concienciar a quienes me rodeaban de lo importante que era el feminismo era comportarme como uno de esos captadores de socios de las ONG que te abordan por la calle y te dicen que se te ha caído la sonrisa. Ahora nos parece un gancho bastante cutre, pero durante algún tiempo funcionó.

Siempre me ha molestado mucho la palabra «feminazi». No puedo creer que se haya generalizado como insulto y hasta los críos de diez años la usen, no puedo creer que les haya llegado la parodia: «feminazi», antes que el concepto: «feminista». Pero no me estaba funcionando demasiado tratar de explicar que llamar «nazi» a un movimiento no violento que lucha por la igualdad y el bienestar de todos los seres humanos es ridículo. Normalmente me alteraba mucho, empezaba a vociferar, a citar a Silvia Federici y a gesticular hasta tirarle la copa a alguien. Acababan por llamarme feminazi.

Entonces escribí el diálogo sobre que Gandhi era demasiado pacifista. Alguien tan radicalmente pacifista que de puro pacifista resultaba violento, *pacifinazi, fascifista*, y ya de paso bastante infollable por sus estilismos.

Junté el gag del pacifinazi con otras situaciones en las que jugaba con el absurdo y escribí una especie de conferencia cómica y pedagógica en la que participarían un actor y una actriz, para interpretar algunas situaciones cotidianas relacionadas con el machismo. De mi torpeza para comunicar y convencer de manera directa, de la necesidad de usar trucos y llaves de judo mentales para que no se notase mucho de qué estaba hablando, nació *Feminismo para torpes*. Una pequeña obra de teatro, una serie de vídeos y este libro, que son un intento de entrar sigilosamente por la puerta de atrás de las mentes, saltándome todas las barreras que había encontrado antes. Concienciar a través del humor es como hacer el avioncito con una cuchara sobre la que en vez de puré de verduras hay justicia social.

Máscaras, trucos y disimulos

El humor, como los cuentos con moraleja, sirve para que se note un poco menos que estás sermoneando a la gente. La fábula de *La cigarra y la hormiga,* donde la primera pasa el verano tomando el sol, bebiendo cócteles, procrastinando y tonteando en Tinder, mientras que la segunda guarda comida para el invierno, no hubiera funcionado igual de bien si se hubiera titulado «Ventajas de los planes de previsión e inversión a largo plazo para la productividad». Pasar la historia a bichos parlantes ayuda a que la gente se sienta un poco menos aludida y se abra al mensaje.

A nadie le gusta que le pongan delante la evidencia, de manera demasiado cruda, la realidad es un asco, un lugar lleno de peligro, injusticia, cuotas de autónomos, jerséis con pelotillas, fracaso y decepción; y está atravesada por todas partes de machismo, homofobia y racismo entre otras cosas espantosas y arbitrarias. Un *buffet* variado de terror y odio hacia el otro o la otra. Siempre hay un «nosotros» y un «otro». Mantener en relativa paz comunidades en las que haya diversidad pasa por tratar de comprender *al otro*, pasa por tratar de calmar nuestros miedos y prejuicios, o al menos hacer lo posible para contenerlos en público. Es decir, si no puedes evitar ser un miserable racista, por ejemplo, al menos haz lo posible por serlo en la intimidad de tu hogar. No delante de tus hijos, eso sí. No querrás que sepan que eres un cretino violento, una especie de cacharro obsoleto que sigue funcionando por alguna razón. Por el bien de la humanidad, procura que tus ideas venenosas se extingan en ti y no pasen a la siguiente generación.

Entre todas estas convenciones, la situación de preeminencia de los hombres está tan normalizada en tantos aspectos de la vida que es fácil hacerla pasar por algo natural, el feminismo está para negar esa supuesta normalidad. En el polo opuesto al varón blanco, hetero y con poder adquisitivo del que hablamos sin parar, estaría una mujer no blanca, no heterosexual y pobre; el colmo de la ausencia de privilegios, una persona que, en el mejor de los casos, discurre por la vida arrastrando una mochila de piedras y tiene todas las papeletas para ser agredida y discriminada de un millón de maneras posibles. Entre uno y otra hay toda una escala de lo más privilegiado a lo más desfavorecido en la que nos distribuimos todos y todas. A veces somos más conscientes de nuestro lugar en la escala que otras y esta conciencia nos puede ayudar a fabricar fábulas como la de *La cigarra y la hormiga*, relatos con moraleja que atraviesen las barreras de los torpes, comodones y tibios para señalar privilegios o desigualdades que están menos a la vista.

Mi amigo Pablo es negro. Tanto él como yo somos madrileños, tenemos estudios superiores, el mismo nivel cultural, nos gusta ir a los mismos bares y a veces hemos ido de vacaciones juntos. Pero la vida es muy distinta para él porque existe el racismo estructural. En muchas ocasiones me ha contado que la policía le presta más atención de la cuenta, que tiene que escuchar chistes que le ponen las tripas del revés o que mucha gente hace presuposiciones sobre él, por ejemplo, que no es español. Pablo pone sobre la mesa casos concretos del racismo que impregna la sociedad, los que le atañen a él, a su entorno, a gente de otros países, los más leves, los más graves. El caso es que, desde que le conozco, jamás he visto a ninguno de sus interlocutores levantarse de la mesa y decir «Ey, tío, yo no soy racista, así que no me cuentes tu vida porque no todos los blancos actuamos así». Nadie, ni el más prejuicioso, ni el menos realista, ni siquiera el más racista, se atrevía a negar la existencia del racismo en sí cuando una persona que no es blanca se lo planteaba cara a cara. Yo soy una mujer, pero cada vez que hablo de machismo una voz se alza para cortarme, negarme o ridiculizarme con todas esas muletillas, con todas esas herramientas defensivas que enumerábamos al principio.

¿Significa eso que la sociedad es menos racista que machista? Posiblemente no. Me temo que muchas veces la atención que reciben las denuncias de Pablo no se debe a un respeto y reconocimiento sincero, sino a que el racismo explícito está peor visto que el machismo. Así que, por desgracia, la lectura no es que el racismo por fin esté desapareciendo, sino que se disimula mejor. Los prejuicios están ahí, pero quedan reprimidos por vergüenza; la contención no es precisamente un comportamiento revolucionario que vaya a cambiar el mundo, solo es un disfraz; el objetivo es que no les haga falta disimular.

Sinceros o no, en los silencios que seguían al relato del racismo al menos no había resistencia total, sino una rendija por la que colarse en las cabecitas de los demás. Así que empecé a usar otro truco, el de trasladar las muletillas machistas, tan frecuentes, a muletillas racistas, tan bochornosas.

- Despreciar el feminismo porque no todos los hombres son maltratadores o violadores es tan estúpido como decir que el racismo no existe porque no todos los blancos son del Ku Klux Klan.
- ¿Cómo dices? ¿Que los hombres y las mujeres ocupamos lugares desiguales en la sociedad por nuestras diferencias biológicas naturales e irrefutables? Adelante, atrévete a decir algo parecido sobre las diferentes etnias en público. Felicidades, ya eres un supremacista blanco.

- Decir que se puede ser tan radicalmente feminista como para rozar el fascismo es tan estúpido como decir que se puede ser demasiado antirracista, un talibán de la tolerancia, un violento terrorista de la fraternidad humana.
- Decir que el machismo no existe porque hay algunas jefas de Estado y de Gobierno y seis o siete tías al frente de algunas grandes empresas tecnológicas es como negar el racismo en todos los estratos de la sociedad porque en algún momento de la historia Obama llegó al poder.

La principal razón para no ser machista es la misma que para no ser racista. Es una razón de peso, irrebatible, tan clara y sencilla que está al alcance de cualquiera, no es necesario recurrir a historias con moraleja ni a chistes. La principal razón para no ser machista, racista, homófobo, tránsfobo es la firme voluntad de no ser una escoria repugnante.

Feminismo para torpes es un título pegadizo, pero no creo que sea la torpeza lo que frena el avance, ojalá. Cuando Pablo y yo contamos nuestras circunstancias, tan diferentes en algunas cosas tan parecidas en otras, quienes están enfrente, arqueando la ceja en silencio o poniendo pegas, no son unos patosos encantadores, sino un montón de gente que se resiste a reconocer que ha tenido ciertos privilegios y se niega a ceder un ápice del terreno. Es agotador hacer el avioncito con la cuchara, inventar trucos para entrar como ladronas de bancos por alguna compuerta secreta a las cámaras acorazadas de la conciencia de estas personas. De momento me quedan fuerzas para seguir haciéndolo con las herramientas de las que dispongo. Afortunadamente para todo el mundo lo que se me da bien son los chistes, no las armas químicas.

6
¿Por qué íbamos a hacer chistes con el aborto?

Un hombre de aspecto rígido y nervioso entra en un edificio grande, intimidante, gris, entre carcelario y ministerial, frío. Después de pasar por varios controles en los que le registran y hacen preguntas llega a un mostrador ocupado por dos mujeres.

Hombre: Hola, buenas tardes. Tengo cita para hacerme una vasectomía.

Mujer 1 (en tono agrio): ¿Ha traído el informe de la psicóloga?

Hombre: Sí, del psicólogo.

Mujer 2: ¿Y de la jueza?

Hombre: Sí, también, pero…

Mujer 1: ¿Y el certificado de haber asistido a las charlas orientativas sobre sus derechos reproductivos?

Hombre: …

Mujer 1: No es obligatorio, pero la carta sellada de una sacerdotisa balinesa agiliza mucho los trámites, aunque, claro, tampoco hay que precipitarse. Tiene que pensarlo bien, es una decisión importante.

MUJER 2: Importantísima. Y habrá hablado con su familia, espero. Según las tablas de evaluación, con sus ingresos anuales puede mantener a un hijo y medio. Supongo que está seguro de que bajo ninguna circunstancia le resulta posible mantener a un hijo y medio porque, en caso contrario, mi obligación moral es decirle que está cometiendo un error.

MUJER 1: Uno coma cinco hijos podrían ser un ingeniero y medio. Se trata de vidas humanas, son vidas humanas valiosísimas las que tiene en estos momentos dentro de sus testículos, ¿sabe?

MUJER 2: O un presidente del Gobierno y medio.

MUJER 1: Cientos, miles de presidentes del Gobierno, ingenieros, pediatras, pilotos de Fórmula 1, papas, el espermatozoide que descubra la cura del cáncer o ¡columnistas!

MUJER 2: ¡Ay dios mío, columnistas! ¿Pero es que no le hace ilusión tener las pelotas llenas de columnistas inteligentísimos? ¿No se da cuenta? Hay futuro, hay vida dentro de sus cojones, hay profesionales de muchísimo talento. ¿Cómo va a decidir usted solo nada por el amor de dios? Esto lo vamos a tener que legislar bien nosotras.

MUJER 1: Sí. Rotundamente sí.

MUJER 2: Esto y las barbas.

MUJER 1: ¿Qué dices?

MUJER 2: Con tanta barba es imposible saber quién es guapo y quién es feo.

MUJER 1: Qué manía tienes tú también de ser heterosexual, te tengo que decir.

MUJER 2: Ya tía. Y que no se me pasa.

Ellas siguen hablando; el hombre, abatido, abandona el edificio en busca de una alternativa para su problema.

Para hacer chistes feministas hay que regular las dosis de amargura —la amargura tiene que estar ahí porque el humor feminista está pegado a una realidad incómoda, injusta, sanguinolenta— y de pedagogía —también tiene que estar porque a algunas les va la vida en que la cosa por fin se entienda—. En 2018 tuve que escribir un *sketch* sobre el aborto porque el tema estaba de actualidad. Dos mil dieciocho. ¿Puede haber una lucha feminista más *vintage*? ¿Puede haber una reivindicación que huela más a armario de sacristía cerrado durante siete siglos? ¿Puede haber algo más deprimente que seguir volviendo una y otra vez a las conquistas de derechos de antaño porque hay lugares en los que todavía están por resolver? El derecho de las mujeres a decidir sobre su propio cuerpo estaba de actualidad en Argentina e Irlanda, porque allí las mujeres tenían que volver a levantarse para reclamarlo.

En Irlanda el derecho a elegir se ganó en un referéndum histórico. La ley abrió las puertas al aborto libre hasta las primeras doce semanas, o veinticuatro en caso de que madre o feto estuvieran en peligro. Hasta aquel momento, además de jugarte la vida por abortar clandestinamente, te podían caer hasta catorce años de cárcel, la ley también perseguía a los profesionales sanitarios que ayudaban a estas mujeres. El aborto estaba completamente prohibido en todos los supuestos, incluso en casos de violación, malformaciones fetales o riesgo para la salud de la madre. Importaba más la posibilidad de un bebé que la realidad de una mujer. Solo se introdujo la excepción del riesgo de muerte cuando una mujer falleció por septicemia. Fue en el año 2014. Mientras la Agencia Espacial Europea, por primera vez en la historia de la humanidad, hacía aterrizar una sonda en un cometa en movimiento, la legislación irlandesa seguía anclada en el medievo decidiendo sobre el cuerpo de las mujeres.

En Argentina el proyecto de ley, que se presentaba en el Congreso por séptima vez, llegó a debatirse por fin. Acabó ganando el miedo, el conservadurismo y la sinrazón, pero la sociedad entera no tuvo más remedio que escuchar a las mujeres en los medios y en las calles. La Ley de Interrupción Voluntaria del Embarazo dio el primer paso para salir adelante el 15 de junio de 2018, tras una votación en la Cámara de los Diputados que concluyó con 129 votos a favor y 125 en contra. Las manifestantes no se movieron de las calles durante las veintitrés horas que duró el proceso, el mundo entero las estaba mirando, tenían que estar presentes para que nadie perdiera de vista lo que estaba en juego. Quién sabe cuántas de aquellas mujeres arrastraban historias como la de esta niña sin nombre de Buenos Aires que recoge un informe de Amnistía Internacional[12]:

En abril de 2014, efectores de salud del hospital Mariano y Luciano de la Vega del partido de Moreno en la Provincia de Buenos Aires, se negaron a realizar un aborto legal a una niña de 13 años embarazada como consecuencia de una violación por parte de su padrastro, con el argumento de que su realización pondría en riesgo la salud de la niña, debido al avanzado estado gestacional y a su estado de salud delicado. Cuando la madre de la niña radicó la denuncia de violación no se le brindó un tratamiento integral como víctima de violación sexual, ni le ofreció atención y contención psicológica; tampoco se solicitó la intervención al sistema de salud público, ni le brindó la información necesaria sobre su derecho a acceder a un aborto no punible, incumpliéndose la aplicación de los

---

[12] *Véase* el informe de Amnistía Internacional: *El acceso al aborto en Argentina, una deuda pendiente* (en línea: *https://amnistia.org.ar/wp-content/uploads/delightful-downloads/2017/09/EL-ACCESO-AL-ABORTO-EN-ARGENTINA-ENTREGA03-FINAL.pdf*).

protocolos de atención de violencia sexual vigentes en el territorio de la provincia. Además, todo el plantel del hospital Mariano y Luciano de la Vega se declaró objetor de conciencia, haciendo lugar a la objeción de conciencia institucional; dejando, de esta manera, a las mujeres desamparadas frente al servicio de salud.

En el informe hay mucho material de pesadilla como este. Nadie va a gestar sin querer gestar, si la ley te niega la soberanía sobre tu cuerpo, tú la reclamarás a la fuerza, a toda costa, poniendo en riesgo la vida. En 2016, cuarenta y tres abortos acabaron con la muerte de la madre. Las argentinas daban la batalla en contra de los que ponen objeciones de conciencia para ayudar a una niña convertida en mujer a puntapiés, los religiosos y los provida.

Pero ¿provida de quién? Lo primero que hay que hacer con los antiaborto es arrebatarles el título de provida y reubicarlo en contextos en los que tenga más sentido. Provida, por ejemplo, es la gente de la ONG Open Arms que ha sacado de las aguas del Mediterráneo a más de 20.000 personas que huían de sus países a la desesperada mientras los Gobiernos hacen como que este Holocausto playero no existe. ¿No sería estupendo que fueran estas personas las que pasaran a la historia como provida? Me parece un comportamiento rotundamente más a favor de la vida humana que el de los senadores que, en la última votación, decidieron dejar a las mujeres argentinas con una ley del aborto de 1921.

El humor necesario

¿Qué puede importar un chiste en un contexto tan pavoroso como este? Yo pensaba que no demasiado hasta que hablé con

Julia Mengolini, periodista argentina y una de las representantes de la sociedad civil que intervino en la Cámara de Diputados durante el debate por el derecho al aborto libre. Nos conocimos durante su visita a Madrid en las fiestas de San Isidro, exactamente un mes antes de la votación. Ella andaba fascinada por la erótica del traje regional madrileño, el traje de chulapa, un artilugio del demonio que combina partes pegadas al cuerpo con otras amplias y llenas de volantes, sacrificando en el proceso la movilidad de las rodillas, pero que efectivamente es bastante sexy. Allí, entre chulapas que se desplazaban a duras penas pradera arriba y abajo, contoneándose como Jessica Rabbit, o bebían y comían tendidas como sirenas en el césped entre latas de cerveza vacías y servilletas empapadas en grasa, me habló de la comedia como arma mortífera.

«Existe una falacia sobre el derecho, o no, al aborto libre en Argentina y en todas partes: que es un debate entre dos posturas, pero no lo es. No hay, de un lado, una posición correcta y otra equivocada. En este caso, de un lado hay creencias, prejuicios, pensamiento mágico y, del otro, hay datos concretos y derechos fundamentales. Recuerdo a un pediatra que señalaba en un Power Point sus logros personales y profesionales. Su gran alegato era que, si a él le hubieran abortado, no habría podido hacer esas cosas. También a un senador —¡un senador de la nación!— que publicó un poema en primera persona desde la perspectiva de un embrión que tenía muchas ganas de nacer y querer a su mamá», contaba Julia. Las mujeres por el derecho a decidir estaban poniendo sobre la mesa un tema crucial de salud pública, mientras que sus contrincantes escribían poemas desde la subjetividad de un pegote de células de cinco gramos. Ahora lo entendía, les estaban dando los chistes hechos.

Los que pretendían que la ley no avanzase ponían en pie de igualdad los derechos de la mujer y los del embrión. Pero «embrión» es una palabra muy fea, «feto» también, ¿«cigoto»? Puaj, impronunciable, demasiado científicas; y ya sabemos que quienes acostumbran a poner versos en boca de fusiones de gametos sin boca no son grandes entusiastas de la ciencia.

Mejor llamémoslo «bebito». La herramienta más tramposa y eficaz, el centro de su discurso, el truco maestro, llamar «bebé» a lo que no es un bebé. Un discurso a favor de los derechos del supuesto bebito es mucho más digerible que un discurso en contra de los derechos de las mujeres. «Es muy deshonesto, empezando por el hecho de que para el derecho civil penal, constitucional, un embrión no tiene el mismo estatus jurídico que un bebé. Pero a todo el mundo le conmueven los bebitos; ¿cómo no vas a estar a favor de los bebés?, ¿cómo no te van a enternecer? Están diseñados para eso», decía Julia. Así que pusieron el foco en el bebito hasta el esperpento y más allá. Pegatinas de bebitos, pequeños bebitos de silicona colgando de los retrovisores, un espeluznante bebito de cartón piedra de tres metros transportado a hombros de varios manifestantes por las calles de Buenos Aires. Un gigantesco feto de diez semanas de desarrollo muy realista, excepto por el pequeño detalle de que alrededor de él le faltaba toda la parte de la mujer gestante con derechos y capacidad de decisión imprescindible para su existencia. La mujer necesaria para que el feto se convierta en ingeniero.

Los conservadores tienen cierta obsesión con el futuro profesional de los cigotos. Nunca les auguran ocupaciones en el sector servicios. Los bebitos siempre están destinados a superar el salario medio interprofesional. Para querer salvarle la vida a alguien tienen que imaginárselo llevando una corbatita. Mejor ni pensar que el cigoto cuyo desarrollo completo se pretende asegurar acabe siendo profesor de yoga, cantante de trap o imitador de Liza Minelli en un club de *drag queens*. El futuro de la criatura por nacer, sea el que sea, tiene que ser el tema central; así evitan hablar del futuro de la mujer o la niña que lo lleva dentro, de cómo mantendrá su salud o su trabajo, de la magnitud de su trauma si el embarazo es fruto de una violación, de si podrá permitirse la baja laboral que exige la gestación y la lactancia, o el precio emocional que conlleva entregarlo en adopción.

A los provida tampoco les gusta demasiado hablar del pasado de esas mujeres o niñas, es lógico, porque los que están a favor del bebito son los mismos que están en contra de la educación sexual y del reparto de anticonceptivos. Mientras hablan de cigotos ingenieros aeronáuticos se callan sus verdaderos pensamientos: no es tanto la pasión por el bebito lo que les mueve como la concepción conservadora y contaminada de religión del sexo. Se trata de personas aterradas por la sexualidad libre de las mujeres, que buscan negarla, disciplinarla y, por último, castigarla. Bajo su punto de vista, el cuerpo de las mujeres no es del todo suyo, es una especie de espacio semipúblico sujeto a regulación externa, por eso es tan fácil para los enemigos del derecho a decidir minimizar la gestación como si fuera un trámite sin importancia. «Salvemos las dos vidas», dicen, refiriéndose a la de la mujer y la del feto, pero esto no solo es un asunto de mortalidad, sino también de voluntad. Una vida tiene que pasar cierto tiempo dentro de la otra.

En su libro *Reacción, la guerra no declarada contra las mujeres*, Susan Faludi habla de los ataques producidos contra los movimientos de igualdad de las mujeres en los años ochenta, sobre todo en Estados Unidos. En ese momento hubo un resurgimiento violento de los movimientos antiabortistas.

En 1800 el aborto era legal en todos los estados y la opinión popular acerca del tema era mayoritariamente neutral. Fue solo hacia la mitad del siglo, con el surgimiento de los movimientos por los derechos de las mujeres cuando el aborto se convirtió en un campo de batalla. A medida que las mujeres reclamaban mínimos derechos relativos a la planificación familiar como la "maternidad voluntaria" —que proponía que las esposas pudieran rechazar tener sexo con sus maridos ocasionalmente por razones de salud—, médicos, legisladores, periodistas y religiosos contraatacaron con una campaña extrema contra todas las formas de control de la natalidad. [...]

Parece inevitable que hasta los esfuerzos más modestos de las mujeres para controlar su fertilidad desatan la tormenta en la oposición. Todas las aspiraciones de las mujeres —relacionadas con la educación, el trabajo o cualquier forma de autodeterminación— descansan en último término en su capacidad para decidir si tienen hijos y cuándo. Por este motivo, la libertad reproductiva ha sido siempre el tema más popular en cada una de las sucesivas agendas feministas y el más duramente atacado por los movimientos de reacción[13].

No es el bebito, no es el amor por la vida hasta en sus formas más primigenias, ni siquiera es la religión, es el terror a que las mujeres sean plenamente dueñas de su sexualidad y sus destinos. Siempre son los más conservadores los que vuelven al tema. Su preocupación no es la extinción de la especie humana, sino la libertad. En España el aborto se despenalizó en 1985 con una ley que contemplaba tres supuestos. La mujer podía abortar legalmente en cualquier momento si el embarazo suponía riesgo grave para su vida; si había sido violada, hasta las doce semanas

[13] Susan Faludi, *Backlash: The Undeclared War Against American Women*, Nueva York: Three Rivers Press, 1991.

de gestación y si el feto tenía malformaciones físicas o psíquicas graves, hasta las veintidós semanas. Esta ley se reformó en 2010 para garantizar los derechos sexuales y reproductivos de las mujeres establecidos por la Organización Mundial de la Salud. Hoy en día las mujeres españolas podemos tomar la decisión de abortar legalmente hasta la semana catorce de gestación y hasta la veintidós en caso de riesgo para la salud de la madre o el feto. Alberto Ruiz Gallardón, ministro de Justicia del Gobierno del Partido Popular, presentó un anteproyecto de ley para volver a la de 1985 nada más tomar posesión de su cargo, solo dos años después de la reforma. La respuesta del movimiento feminista fue El tren de la libertad, la mayor manifestación en favor de los derechos de las mujeres hasta la fecha, que el 1 de febrero de 2014 desbordó Madrid, colapsó los transportes desde todos los puntos de España, provocó movilizaciones de apoyo en Edimburgo, Roma, París o Buenos Aires y acabó por hacer dimitir a Gallardón.

No conviene jugar a los viajes en el tiempo con los avances conquistados. Estaría bien que otros políticos como Pablo Casado, secretario general del PP, o Santiago Abascal, líder del partido de ultraderecha VOX, que también han manifestado su intención de hacer retroceder los derechos de la mujer sobre su cuerpo, recordaran aquellas riadas de manifestantes.

El chiste de la vasectomía definitivamente puede mejorarse, la idea de hablar de los derechos de los fetos obviando a quien tiene que gestarlos es material cómico de primera, puro Monty Pyton. En un lado de la escena tendríamos a la mujer, una ciudadana de pleno derecho, una persona plenamente formada con pelo, uñas, cerebro, un pasado a sus espaldas. Pongamos que se trata de una mujer adulta, muchas de las que se encuentran en la situación de tomar esta decisión no son mayores de edad, pero no queremos que el chiste nos quede demasiado negro. En el otro lado de la escena un pegote de células ocupa una placa de Petri. Está quietecito y callado como corresponde a los pegotes de células, pero a su alrededor un grupo de personas, la mayoría hombres, algunos políticos, otros médicos, otros todo lo anterior y además creyentes, otros creyentes profesionales que han hecho voto de castidad, mucha toga, corbata y alzacuellos, ya os hacéis una idea, actúan como representantes conscientes del pegote de células.

Hay muchas razones por las que una mujer puede rechazar la idea de gestar un feto hasta que se convierta primero en un bebé independiente y luego, en director de cuentas de una multinacional. Puede estar en peligro su salud o la de la criatura, puede haber sido violada o no haber recibido ninguna educación sexual o en el caso de haberla recibido, puede que los métodos anticonceptivos hayan fallado. El pegote de células sigue sin decir nada, sus defensores insisten en referirse a él como «el bebito» y en tratar de ponerle diminutos lazos, pañales y gorritos con muchas dificultades; de vez en cuando uno de ellos agita un sonajero delante del punto en el que, en algún momento del desarrollo, le crecerá una pequeña y adorable nariz. La mujer continúa: «No puedo mantenerlo», «Perderé mi trabajo si llego al punto de darlo a luz», «No puedo ni siquiera mantenerme yo». Los señores, enloquecidos ya, no la escuchan, vociferan: «Viva la vida». Ella responde: «Pero, un momento, viva la vida ¿de quién?».

Es muy sencillo hacer un Derecho al Aborto para Torpes, hasta un cigoto entendería la moraleja del chiste. Los argumentos de una mujer para no querer llevar a término un embarazo siempre son más válidos que las creencias de quienes no se han visto en una situación similar ni se verán jamás. Cuando los antiaborto se ponen en plan resolutivo, contemplan como salida entregar al bebé en adopción, como si los nueve meses de gestación y el parto fueran un engorro asumible, una anécdota dentro del gran milagro de la creación. Ninguna mujer quiere abortar, el aborto no es una actividad que se encuentre en el terreno de los deseos, sino en el de las opciones; y quien elige esa opción la llevará adelante, aunque no sea de forma legal ni segura.

El chiste de la vasectomía, con las dos administrativas sufriendo por los bebitos que ese señor alberga en sus prodigiosas pelotas y que acaban pereciendo en un *kleenex* acartonado debajo de su cama, no queda tan lejos de los argumentos que se manejaron en el tiempo que duró el debate de la despenalización. Los que estaban en contra eran capaces de derrochar toda la capacidad imaginativa que hiciera falta para empatizar con el embrión antes que con la mujer.

«Las mujeres abortamos en la clandestinidad, las mujeres de las clases populares lo hacen poniendo en riesgo su salud y su vida», dijo Julia Mengolini en su intervención en el Congreso. Otra vez, todas las que haga falta repetirlo. No habló de creencias, ni de interpretaciones ni de prejuicios, no habló del supuesto gran trauma que le provoca a una mujer abortar en comparación con gestar y parir un hijo no deseado, no lo hizo porque no hay cifras ni hechos que apoyen esas cuestiones, no conviene perder la energía en cuentos sentimentaloides cuando hay problemas que solucionar.

Como sucede en tantas ocasiones, la razón perdió. Por 38 votos negativos y 31 a favor, la Cámara Alta bloqueó el proyecto de aborto legal en agosto de 2018. El Senado argentino le dio la espalda a la razón, al clamor popular, a la dignidad de las mujeres. Les hizo falta mucha imaginación a los que estaban allí dentro decidiendo. Imaginaban que respondían ante un ente superior, imaginaban que los cigotos son niños, su imaginación llegaba tan lejos que hasta imaginaban que la educación sexual en su país es suficiente y los anticonceptivos, infalibles. Tan poderosa fue su capacidad imaginativa que les llevó a un lugar de fantasía en el que las mujeres de 2018 gestionaban sus cuerpos con leyes de 1921.

El 15 de junio de 2018 en la madrileña pradera de San Isidro, Julia Mengolini me contaba que su militancia había sido castigada con muchos insultos en los medios y premiada con mucha purpurina verde en las calles. El verde había sido el color del apoyo a la libre elección en las manifestaciones, las redes sociales y los medios. El extra de *glitter* se lo daban las pibas, aquella era una revolución joven y brillante, protagonizada por adolescentes que velaban en las calles o que hablaban en el Congreso.

El humor en esta lucha es esa purpurina sobre verde. Una pátina brillante sobre el razonamiento que lo hace aún más visible, más difícil de ignorar, un toque de orgullo, una chanza al enemigo, un dejarse llevar por el goce de tener razón y ponerle al discurso un toque decorativo.

Las chulapas que nos rodeaban a Julia y a mí aquel día en Madrid eran un poco más dueñas de sus cuerpos enfundados en trajes regionales que las argentinas. Puede que si alguien les explicara a los provida de una vez por todas que es posible que el bebito no acabe siendo consultor en Price Waterhouse Coopers, sino humorista feminista, entrarían en razón de una vez por todas.

¡MUJER, HAZ COSAS!

7
Para que no te violen, sigue los consejos del Ministerio del Interior

Hermana, yo sí te creo. ¿En serio? ¿Y eso por qué? ¿Por qué vas a creer a una desconocida? Ni siquiera sabes cómo era la chica o su nombre. ¿No tienes dudas? ¿Acaso el feminismo es una especie de secta? ¿Por qué te apresuras tanto a posicionarte? ¿Insinúas que se debe dar crédito automáticamente a toda mujer que denuncia una violación solo por el hecho de ser mujer? ¿Es que estabas presente en ese portal de Pamplona donde cinco hombres *supuestamente* violaron a una chica? Lee la sentencia, en la sentencia las cosas no están tan claras... Fuimos tantas y tantos quienes entonamos el «Yo sí te creo» durante las manifestaciones para mostrar nuestro rechazo al comportamiento de los jueces del caso de La Manada que parecía algo inapelable, pero no lo era. Desde muchos frentes se trataba de ridiculizar y empequeñecer. Un murmullo constante, fuerte y antiguo nos preguntaba cómo estábamos tan seguras de esta chica a la que tan firmemente defendíamos. Un buen amigo periodista, bien informado, sensible y razonable, me dijo que le parecía infantil convertir el asunto en una cuestión de verosimilitud de relatos, en creer o no creer, cuando existía un sistema que impartía justicia basándose en pruebas y hechos comprobables. «Ella no necesita que creamos su historia, necesita que se aplique la justicia de manera imparcial». Este que planteaba mi amigo sería un buen mundo en el que vivir. Desgraciadamente no es el nuestro.

En nuestro mundo, a uno de los jueces que instruyó el caso, cinco hombres turnándose para penetrar y grabar a una chica paralizada en el cuarto de las basuras, le parece una fiesta, un «jolgorio sexual»[14], le añades a la escena una botella de vino y un plato de espagueti con albóndigas y tienes *La dama y el vagabundo*. En nuestro mundo, el policía municipal que recogió la denuncia por violación no anotó que la habían grabado contra su voluntad porque no le pareció importante. En este juicio celebrado en nuestro desastroso mundo, se admitieron a trámite las investigaciones de un detective con objeto de evaluar si la chica se estaba comportando como una buena violada. Una web de nuestro mundo Forocoches, difundió los datos personales de la víctima y algún que otro triste periodicucho como *La Tribuna de Cartagena* se hizo eco, para tratar de rascar clics de manera miserable. En nuestro mundo, La Manada tenía un club de fans en Facebook. Nuestro mundo está tan intoxicado de machismo individual e institucional que en los casos de violación, maltrato dentro de la pareja y abuso, las costumbres de la víctima impor-

---

[14] El magistrado Ricardo González pidió la absolución de La Manada de todos los delitos por los que han sido juzgados: agresión sexual, intimidad y robo con intimidación. En varios momentos del vídeo se pueden escuchar para lo que la Policía Foral de Navarra eran «chillidos de dolor». González describe esos sonidos como «gemidos o jadeos de carácter sexual».

tan más que las de los agresores. Qué llevaba puesto, por qué no denunció a ese novio que acabó por rajarle el cuello, por qué no habló hace años de ese productor de cine. De mil maneras, desde mil lugares, la estructura completa nos dice: «Yo no te creo».

No éramos idiotas por creer a una mujer sin nombre, todo lo contrario, el juicio de La Manada nos pilló con los ojos demasiado abiertos. Esta vez íbamos a servir de contrapeso al constante «Yo no te creo». Tanto distorsiona el machismo la visión de las agresiones sexuales, el papel de la víctima y el del agresor, que, como dice la periodista Isabel Valdés en su imprescindible libro sobre el caso de La Manada, *Violadas o muertas*, ni siquiera los violadores sabían que estaban violando[15]. Prenda, Boza, Cabezuelo, Guerrero y Escudero eran cinco chicos normales que se habían criado respirando el aire enrarecido de la cultura de la violación.

La cultura de la violación

¿Qué es cultura de la violación me preguntas clavando tu comentario misógino de mierda en mi muro de Facebook? Cultura de la violación, eres tú. Esta denominación fue acuñada por el feminismo de los setenta, es el conjunto de comportamientos que crean un clima de normalización de las agresiones sexuales, ya sea culpando a la víctima o argumentando que el deseo de los hombres es difícilmente controlable. Se manifiesta de maneras muy brutales, como la sentencia que vio abuso y no violación en

---

[15] Valdés, Isabel. *Violadas o muertas: un alegato contra todas las «manadas» y sus cómplices.* Barcelona: Península breve, 2018.

el caso de La Manada, para venir a descubrirnos una especie de disparatado gris legal que sostiene algo así como que te pueden violar un poco, y también de maneras sutiles.

Cultura de la violación sutil es, por ejemplo, cómo en el cotorreo sobre el caso en medios y redes sociales se insistía en algunos detalles y se omitían otros. Reportaje tras reportaje, tuit tras tuit, a todo volumen, se repetía que la chica besó a Ángel Boza y entró por su propia voluntad en el portal. Por otro lado, poquísimas reflexiones se detenían en que la chica tenía la mayoría de edad recién cumplida y en que ellos no usaron condón. ¿Cómo podía trascender tan poco que ella no era legalmente una niña solo por meses? La gente de dieciocho años que conozco son adultos legalmente pero cachorros desorientados para casi cualquier aspecto de la vida práctica. ¿Cómo podía resultar irrelevante que sin usar protección estaban atentando, no solo contra su integridad física y su voluntad, sino contra su salud? ¿En qué mundo estos detalles quedaban en segundo plano? ¿En qué mundo, despiadado? Exacto, en el nuestro, contaminado de cabo a rabo por la cultura de la violación y su sistema de creencias. Allá van algunas:

- **Las tetas y el respeto.** Relacionar lo que lleva una mujer con lo que le pasa en la vida es de primero de machismo. Que las mujeres somos las guardianas de nuestra honestidad y que es lo más preciado que tenemos, te puede parecer una idea sacada de un libro de Jane Austen, pero en realidad sigue muy presente. Respeto por una misma y tetas siguen siendo dos conceptos que en el caso de las mujeres se escuchan unidos. «No te haces valer», «Si no te respetas tú misma, ¿quién te va a respetar?», «Ponerte esa falda en clase es una falta de respeto hacia el profesor». Los centímetros de piel a la vista y tu valor como ser humano están ligados por misteriosos vínculos. Es un recurso muy útil cuando quieren echarte la culpa a ti y tu desafortunada elección de vestuario de lo que hacen ellos.

- **Para que no te violen, procura seguir los consejos del Ministerio del Interior.** Nunca te lo dirán así, la cultura de la violación, igual que tantos otros aspectos del patriarcado, es una cabrona sigilosa que se mete de puntillas en tu manera de entender el mundo con mecanismos más finos. Este mensaje te lo van a transmitir poco a poco desde tu casa, la sociedad y las instituciones. El Ministerio del Interior te apelará a ti y no a los violadores en las campañas, tus padres te dirán que no te pongas ciertas cosas ni vayas por ciertos lugares a ciertas horas para no dar pie TÚ a que te suceda ALGO. Cuando empieces a leer noticias en los periódicos sobre malos tratos y agresiones sexuales encontrarás muchos detalles sobre la víctima, sus costumbres, si denunció o no, si había estado bebiendo con el agresor o no, si se conocían… y muy pocos sobre los delincuentes. Esto sucede incluso después de muertas, especialmente después de muertas. A las víctimas de violencia machista se las radiografía como si estuviera entre sus características y comportamientos —y no en los de su agresor— la razón de su destino.
- **La violencia es sexy.** El porno en Internet, gratis y de fácil acceso, se ha convertido en la escuela sexual de chicos y chicas. Ochenta y un millones de personas visitan al día Pornhub[16], una de las mayores webs de porno gratis del

[16] La web publica cada año sus estadísticas a nivel mundial. Aquí puedes consultar las de 2017: *https://www.pornhub.com/insights/2017-year-in-review*

mundo, la mayoría son hombres, por lo tanto los contenidos están dirigidos a ellos. Te costará encontrar cualquier interacción decente con un clítoris —esta es es una cruzada personal en la que abundaré más adelante—. Lo que sí encontrarás, tú y tu sobrino de once años, es a mujeres neumáticas, jovencísimas, tan depiladas que sus genitales parecen una escultura de Jeff Koons en medio de variadas situaciones violentas. Confieso que he sido una consumidora feroz de porno, hasta que empecé a tomar conciencia de en qué medida sus usos y costumbres se estaban colando en la realidad de las relaciones y eran bastante incompatibles con el feminismo. Es imposible masturbarse cuando la vocecita de Kate Millett en tu cabeza no deja de repetirte que «lo personal es político». En todos esos minutos de contenido audiovisual he visto muchas cosas, pero jamás he visto a un actor porno sollozar. A ellas las he visto recibir bofetadas, llorar, atragantarse, fingir ser forzadas de mil maneras distintas, fingir que se niegan a tener relaciones sexuales para luego fingir que les gusta... Se repiten las situaciones en las que se presenta la violación como un juego excitante. El malestar de las mujeres es opcional, está en el menú; eso sí, el placer de los hombres es imperativo.

- **El consentimiento sexual es algo muy confuso.** No, no lo es, la cultura de la violación lo ha convertido en algo confuso contándonos que para los hombres es difícil contener sus deseos sexuales y que las mujeres somos en gran parte responsables de cómo ellos se comporten sobre nuestros cuerpos. La mujer víctima no es totalmente víctima, el hombre culpable no es totalmente culpable. La combinación de estas dos creencias es letal, en cuanto eliminamos una de ellas, el consentimiento empieza a estar más claro para quienes no lo acaban de ver. Eliminemos el factor mujer, sustituyámoslo por un hombre que viaja solo, que se quita la camiseta en un concierto en una noche de agosto, que lleva tal borrachera que pasa la noche tirado en un banco, sube voluntariamente a casa de un amigo gay, entra a cualquier espacio cerrado con un desconocido. En la vida de un hombre estas conductas se llaman ser joven. Para las mujeres son excesos de deshinibición, temeridades que pueden ser castigadas.

El «sí de las mujeres»

Las cosas están así, las gafas patriarcales, de algunos, de muchos, están tan mugrientas y chorreantes que lo ven todo al revés. Esto es grave en términos generales, pero cuando quienes perciben el mundo a través de este filtro son los que imparten justicia es directamente terrorífico. Precisamente para acotar la interpretación de los jueces, para poner a raya su sesgo machista, Carmen Calvo, vicepresidenta y ministra de Igualdad, abrió el debate para reformar el Código Penal y la Ley de Enjuiciamiento Criminal; su propuesta: «Si una mujer no dice sí expresamente, todo lo demás es no». Si una ley así hubiera estado vigente, habrían condenado a los chicos de La Manada por violación, no por abuso.

Y de repente tuiteros, columnistas, *youtubers*, usuarios anónimos de toda red social y de todo pelaje, miembros de tu grupo de WhatsApp de primos, compañeros de trabajo, jugadores de la liga de fútbol sala, Internet entero se pone a hablar del consentimiento sexual. Todos los que hasta este momento habían continuado ocupándose tranquilamente de sus asuntos cuando leían en los periódicos que en España se denuncia una violación cada pocas horas[17], ahora están desquiciados, debaten enfervorecidamente; ¡era esto lo que hacía falta para que les interesara el tema! Por fin están realmente preocupados, preocupadísimos, inquietos y confundidos, corriendo de un lado para otro, echándose las manos a la cabeza, pero no a causa de la justicia patriarcal, ni siquiera de las violaciones. A ellos lo que les preocupa es el fin de la magia, el principio de una era de cuestionarios robóticos sin romanticismo ni insinuaciones ni dobles sentidos. La sensación de tener que follar ante notario, la idea de una distopía sin «en tu casa o en la mía», sin «¿entras conmigo y te quedas a desayunar?», sin «¿me vas a dejar contar cuántos lunares tienes?». De qué sirve regular por ley que solo sí es sí en un país con más de mil denuncias por violación al año si por el camino te llevas por delante el ambiguo y misterioso juego de seducción de tíos a los que un «no» les suena como un «sí» y un «sí» les parece una ordinariez.

Con ley sobre consentimiento explícito o sin ella, la clave para ser un ciudadano ejemplar está, entre otras cosas, en no follarse jamás a alguien que no es capaz de darte una respuesta firme sobre si quiere follar contigo o no. Si a todos esos hombres que andan compartiendo memes con falsos documentos de consentimiento sexual les resulta demasiado complicado y restrictivo obtener un «sí» de la persona que va a acostarse con ellos, quizá deberían volver a hacer el cursillo de «no es no».

---

17 Las cifras están disponibles por años en el portal de estadísticas de criminalidad del Ministerio del Interior: *https://estadisticasdecriminalidad.ses.mir.es/*

El 35 por ciento[18] de las mujeres hemos sufrido violencia sexual. No dispongo de estadísticas sobre el número de hombres que se quedan supertristes y frustrados por no echar el polvo que pretendían echar, pero el número de mujeres que lo hacen contra su voluntad es bastante alarmante. Lo preocupante es que la cultura de la violación en todas sus manifestaciones perversas está tan arraigada en nuestras mentalidades que hasta es capaz de hacerles ver una solución como un problema.

Las personas que gritábamos «yo sí te creo», en aquellas manifestaciones, no estábamos protestando solo contra una sentencia dictada en un tribunal de Navarra, estábamos luchando para cambiar una cultura completa, un sistema de creencias más resistente que las cucarachas. Iba a hacer falta tiempo y esfuerzo, pedagogía, resistencia, acciones políticas e individuales.

La mañana siguiente a una de aquellas marchas en las que mujeres y hombres colapsamos el centro de Madrid contra la cultura de la violación, paseaba por mi barrio cuando escuché las voces de un programa de radio a través de la ventana enrejada de un piso bajo. «Es muy irresponsable meterse en un portal con cinco desconocidos», decía un señor, claro. Fuera de nuestra burbuja, seguía sin entenderse nada. Pensamientos en blanco y negro campaban a sus anchas por todas partes, se me hizo añicos el optimismo. Entonces apareció ella para rescatarme caminando hacia mí desde el otro lado de la calle. Era una chica de diecinueve o veinte años mulata con un sobrepeso prodigiosamente distribuido, rebosando por todas partes de un sujetador *push up*, una camiseta de rejilla y una falda vaquera

---

[18] Estimaciones mundiales y regionales de la violencia contra la mujer de la Organización Mundial de la Salud: *http://www.who.int/reproductive-health/publications/violence/9789241564625/es/*

hasta la ingle, saliéndose de todas las prendas y todos los cánones establecidos. Llevaba un borrón morado en la mejilla. Se le habría complicado el fin de la manifestación y se habría ido con sus amigas a disfrutar de la adrenalina y beberse la vida a tragos. Iba contenta, orgullosa, relajada, con una resaca como un camión de doce ruedas, medio en pelotas, feliz, tomando posesión de la calle, del mundo y del futuro a paso lento y firme. Me sonrió, supongo que porque yo le sonreía a ella. «Tranquila», parecía decirme, «tranquila, hermana, aquí está tu manada».

8

No seas agresiva y no te hagas la víctima

Un hombre de mediana edad, con traje y corbata, visiblemente agobiado, camina por una oficina hacia la puerta de un despacho. En la puerta hay un cartel: Patriarchy Account Manager, el hombre llama con los nudillos.

Patriarchy Account Manager: Adelante. Hombre, Gutiérrez, siéntate.

Gutiérrez: Hola, buenas.

P.A.M.: ¿Qué me cuentas?

Gutiérrez: Desde que estoy en Recursos Humanos, he observado que parte del personal, más o menos la mitad, cobra un 24 por ciento menos que la otra mitad.

P.A.M.: Hombre Gutiérrez, eso dependerá de la categoría profesional, digo yo.

Gutiérrez: No, no, eso es lo que me extraña. Ocurre dentro de cada rango. Hay personas haciendo el mismo trabajo por bastante más dinero que otras, según… bueno, según una característica arbitraria.

P.A.M.: Arranca, Gutiérrez.

Gutiérrez: Los calvos, jefe.

P.A.M.: ¿Cómo?

Gutiérrez: Los calvos estamos cobrando un 24 por ciento menos de media que la gente que no tiene problemas de alopecia.

P.A.M.: Bueno, algo me había llegado, para qué te voy a mentir. Pero sobre esas cifras de las que me hablas hay discrepancias; ¿las puedes demostrar? ¿En qué te basas?

Gutiérrez: Me baso en las matemáticas. Sí, las puedo demostrar. Los calvos de esta empresa estamos cobrando entre un 20 y un 24 por ciento menos.

P.A.M.: Ya, joder, reconoce que sois menos agresivos, os falta autoestima, bueno por, por lo de…, bueno…, lo vuestro. Que sois gente muy intuitiva, ¿eh?; y muy sensible, a mí me encanta teneros en mis equipos. Pero, coño, Gutiérrez, reconoce que os falta empuje y en este trabajo yo quiero garra. Tú, por ejemplo, no le has echado cojones para entrar en mi despacho a decirme esto hasta ahora.

Gutiérrez: Porque solo te relacionas con no calvos. Y solo asciendes a no calvos.

P.A.M.: Oye, ¿no te estarás victimizando? Tienes un sueldo decente, tienes moscosos, tienes una situación buenísima comparada con otros. ¿Tú sabes en qué circunstancias están los calvos en otros países? Los de las minas de coltán por ejemplo. Me parece una frivolidad que vengas a quejarte de tus problemas de blanco, capitalista y eurocalvo estando como están las cosas por ahí. Tú a tu techo de cristal y a tu brecha salarial, pero si aquí estás como quieres. Además eres padre, tendrás otras prioridades que no sean promocionar.

Gutiérrez: Bonilla también es padre y le acabas de ascender.

P.A.M.: Bonilla tiene un melenón.

GUTIÉRREZ: Eres un hijo de puta.

P.A.M.: ¿Ves? Ya te estás poniendo agresivo. Si pierdes las formas, ya pierdes la razón.

Confío mucho en la efectividad de trasladar las situaciones a señores, cuando sacas a las mujeres de la ecuación y pones de ejemplo a dos señores que son efectivamente iguales, iguales sin matices, iguales en lo más profundo del subconsciente de cualquiera, se ve mucho más clara la arbitrariedad, el reparto injusto de poder y de tareas. El cerebro empieza a operar con la parte reservada a los señores. ¿Quién no va a empatizar con los señores?

Un señor blanco, hetero, oficinista es la medida de todas las cosas, es el hombre de Vitruvio. Para hablar de justicia resulta muy útil ponerle enfrente a otro equivalente a él, es la mejor manera de entender la arbitrariedad de las desigualdades, repartiéndolas entre dos sujetos que han nacido iguales. Pero los hombres y las mujeres también, ¿no? Desde luego, pero si en esta escena Gutiérrez hubiera sido una mujer, posiblemente nuestros prejuicios se hubieran despertado como un veterano de Irak traumatizado y hubieran empezado a vociferar: «Pero puede querer ser madre, eso es una ruina para la empresa», «Pero es verdad que somos menos ambiciosas», «Pero esos números, ¿de dónde los saca?». No eres tú, son los años de educación machista y socialización de género los que hablan.

Para nosotras, revolvernos es un poco más complicado que para Gutiérrez, el bueno de Gutiérrez, yo me lo imagino robusto, bajito y atractivo, como Jason Statham. Si ponemos encima de la mesa los números de la violencia machista, nos estamos victimizando; cuando denunciamos, exageramos; cuando nos matan, teníamos que haber denunciado y, cuando criticamos el porno, estamos negando la libertad sexual por la que tanto vociferábamos hace unos años. ¿Qué queréis, plastas? Si hablamos con demasiada vehemencia de lo que nos preocupa o nos manifestamos o convocamos una huelga, estamos exagerando y siendo demasiado agresivas, lo estamos explicando todo mal, perdemos las formas y, por lo tanto, la razón.

El desvictimizador de víctimas

Corría 2009 o 2010, en los medios no se hablaba apenas de acoso callejero y faltaban muchos años para el #Metoo. Estaba cenando en un bar de Madrid con mi pandilla cuando a mi buena amiga Allegra se le cayeron las llaves del bolsillo del abrigo, se las recogí y me las coloqué con las puntas sobresaliendo entre los dedos. Allegra reconoció el gesto y se rió, ella también acostumbraba a improvisar esa misma arma de autodefensa cuando entraba sola de noche en su portal de Lavapiés, solo que colocaba la llave del cerrojo en el centro porque tenía la sensación de que era mucho más letal que las demás. Estuvimos un rato hablando, ella, otras dos amigas que también tenían sus propias maniobras ninja de andar por casa, y yo. Todas nos habíamos llevado algún susto del que habíamos logrado salir por patas o pegando gritos, ninguna nos veíamos sacándole un ojo a nadie llegado el momento, pero al menos hacíamos el intento triste de intimidar. Después de un rato de charla reparamos en que Juan, el novio de Allegra y a día de hoy su orgulloso marido, escuchaba perplejo. Ella nunca hacía nada semejante cuando llegaban a casa juntos por tarde que fuera. Era la primera noticia que tenía de aquel uso alternativo de las llaves que para la persona con la que compartía su vida era tan natural. Ir por la calle de noche como el puto Lobezno formaba parte de nuestro universo, pero no del suyo. Transitar la noche con miedo y buscar estratagemas para calmarlo era un lugar común en nuestro idioma, el de Allegra, una mujer originaria del norte de Italia, el mío, nacida y criada en el madrileño barrio de Usera y el de las demás mujeres presentes.

Yo no he tenido que probar mi pericia con el puño americano de llaves. No he tenido que cambiar de número de teléfono porque un tipo no dejaba de llamarme, ni de casa porque no dejaba de seguirme, nunca me han violado, nadie me ha dado una paliza, nunca he tenido que salir corriendo de noche para salvar la vida, no he acabado en una zanja, ni en el maletero de un coche, ni en un vertedero, ni en el fondo del mar, mis padres no han tenido que buscar, desesperados, mi cuerpo durante meses; nunca ha salido en las noticias una foto mía sonriente mientras una voz en *off* relata dónde se me vio por última vez. Yo soy una privilegiada, pero aun así estoy preparada para que todas esas cosas me pasen. No es que sepa que esas cosas pasan, no, es que estoy entrenada como un marine para que me pasen.

¿Sabes qué? Tú también lo estás, por eso conviertes tus llaves en puñales, eliges el lado más iluminado de la calle, preguntas a tus amigas cómo han llegado, si han llegado, se te cierra la garganta si tardan en contestar, entras y sales de los portales escrutando los rincones oscuros y las salidas como Jason Bourne, te piensas mil veces si viajar sola o no a ciertos lugares y, si lo haces, evitas ciertas zonas, te piensas mil, diez mil veces si irte con un tipo simpatiquísimo que te tiene cachonda como un mandril adolescente por si resulta no ser lo que parece y la cosa acaba con alguien diciendo en un periódico que subiste a su casa sin pensártelo demasiado.

No tenemos automatizados todos estos comportamientos porque hayamos naturalizado el papel de víctimas o potenciales víctimas, sino porque tenemos ojos y oídos y somos mujeres. Antes de que tuviéramos capacidad de ver y asimilar las cifras de violencia en las noticias, nuestros padres, nuestras madres y nuestras amigas ya nos habían advertido: «No vayas sola, llama cuando llegues, no camines por aquí, no te defiendas, podría ser peor».

En marzo de 2018 un grupo de veintiocho mujeres entre las que había científicas, políticas, escritoras o galeristas, firmaron un manifiesto llamado «No nacemos víctimas»[19]. Entre las firmantes curiosamente no había ninguna que, por ejemplo, se dedicara a recoger fresas en Huelva. Qué cosas. Con este manifiesto pretendían distanciarse del tono victimista que según ellas caracteriza el feminismo actual. Argumentaban que las mujeres en España somos ciudadanas de pleno derecho y disfrutamos de plena libertad para elegir cualquier carrera y desarrollarla. El destino está en nuestras manos. Fin de la lucha, por fin podemos descansar y dedicarnos a ver todas esas series que tenemos pendientes en el sofá cepillando al gato. Lo logramos.

No es broma, queda trabajo. Mucho. Pero no me apetece señalarlas a ellas, veintiocho personas son una gota de agua en el océano de multitudes que opinan lo mismo. Que no hay que hablar mucho más de la estructura violenta y opresiva, no vaya a ser que nos pasemos de quejicas. Aunque todo lo que tenemos, cada derecho, cada sutil viraje en la mentalidad colectiva, se deba a que nos hemos quejado. Este manifiesto solo articulaba una creencia muy extendida, la misma que tiene el jefe de

---

[19] *https://elpais.com/elpais/2018/03/05/opinion/1520273619_739464.html*

Gutiérrez: no me llores que hay calvos que lo tienen peor. Y tú mujer, cuando leas eso de que somos mayoría en los trabajos precarios y a tiempo parcial en este país, en este paraíso mediterráneo de paridad, piensa que te podría haber tocado un burka o una ablación.

Yo puedo elegir carrera, viajar sola y casarme con otra mujer o no casarme jamás con nadie, ¿debería por eso abandonar la lucha feminista como un capricho pasajero? Eso sería bastante egoísta, cutre y corto de miras. Porque mi vecina del tercero sufre malos tratos, a dos calles hay un prostíbulo en el que se trata a las mujeres como mercancía, en un barrio que tengo a tres paradas de metro se mutilan los genitales de las niñas[20], en un lugar a unas pocas horas de coche las mujeres que recogen fresas sufren abusos cada día; un poco más lejos, chicas de mi edad, pero con tres hijos que no querían tener, se ahogan huyendo de la miseria y la guerra, un poquito más lejos el aborto no es legal y un poco más allá está la esclava que ha fabricado la camiseta de 7 euros que tengo en la mano. ¿Debo mantenerme al margen de estas situaciones? Señalarlas no es victimismo, es realismo, es responsabilidad, es el primer paso para cambiarlas.

No somos víctimas, no, pero ser mujer es un factor de riesgo. Sacamos las papeletas de una urna diferente en la que hay un montón de sorpresas. Obviamente a los hombres y niños del mundo les pasan cosas terribles, cosas que tienen que ver con guerra, pobreza, explotación laboral, delincuencia, falta de acceso a recursos sanitarios, no con la circunstancia fortuita de que son hombres. A las mujeres que han sido asesinadas por violencia machista en España desde que se contabiliza, cerca de mil,

---

[20] En España hay unas 18.400 niñas en riesgo de mutilación genital según datos de 2017 de la Fundación Wassu-UAB.

aunque cuando leas este libro posiblemente sean más, no las mató una mina antipersona, ni alguien que quería robarles el móvil, ni un miembro de una facción opuesta, las mataron sus parejas o exparejas porque estaban convencidos de que ellas eran de su propiedad y tenían este extraño convencimiento porque eran unos machistas. Punto.

No pierdas las formas

Yo he llegado a explicar el feminismo con marionetas. No es broma, ni es una metáfora, me refiero a marionetas de verdad. En realidad eran unos calcetines a los que mi amiga Olga, la que se escribe cartas a sí misma para consolarse y darse ánimos cuando llegan las tinieblas del síndrome premenstrual, les cosió unos ojitos saltones. Uno hacía del patriarcado y el otro de las dos primeras olas del feminismo. Este último era un decidido calcetín sufragista con un moño en la nuca, bueno, en el lugar donde los calcetines alegóricos tienen la nuca. Los sacaba en las primeras representaciones de *Feminismo para torpes* pensando que al público la idea le parecería absurda y desternillante de por sí, pero no. Les resultaba didáctica.

Al público adulto le parecía completamente natural que explicara la desigualdad entre hombres y mujeres con un guiñol. Y no solo eso, más de una vez, tras los espectáculos, alguien, siempre un hombre, se ha acercado para decirme que así sí. Que mi aproximación al tema le parecía suficientemente divertida e inofensiva como para disfrutar e incluso escuchar sin sentirse molesto, apelado o amenazado. Me dejaba siempre preguntándome: «Si lo mío sí, ¿qué será lo que no?». Obviamente lo realmente molesto y, por lo tanto, trascendente: las manifestaciones, las huelgas o la reforma de leyes. Los desafíos incómodos, radicales y agresivos que operan los cambios de verdad.

A diferencia de cualquier otro movimiento social, al feminismo se le exige un tono siempre comedido y nunca quejumbroso. Se sanciona cualquier atisbo de victimismo, pero también de agresividad. Si pierdes las formas, pierdes la razón. Eh, nena, claro que puedes hablar de la penosa situación de las mujeres en el deporte, pero ¿podrías hacerlo con un tono de voz suave y un poco infantil mientras horneas unas magdalenas?

Imagina que a otras luchas ciudadanas se les exigieran las buenas formas que, por lo visto, tiene que guardar el feminismo. A la plataforma contra los desahucios, por ejemplo. Porque lo suyo está muy bien, tiene mucho sentido, pero toda esa parafernalia de hacer sentadas para que les arrastre la policía resulta un poco irritante, no les costaría ningún esfuerzo hacer sus reivindicaciones de forma menos radical, con marionetas, pongamos por caso, con *hashtags* o con una campaña bonita. Deberían transmitir de una manera un poco más amable, accesible y sexy todo ese rollo tan deprimente del acceso a una vivienda digna.

¿Por qué las personas que tratamos de cambiar las cosas deberíamos parecer inofensivas si no lo somos? El feminismo representa un cambio radical de todo: de lo que hemos aprendido que era importante en la historia de la humanidad, de nuestra manera de cuidarnos los unos a los otros, de legislar, de transitar por las calles. Pero hasta para luchar nos exigen que guardemos las formas. Nos siguen llamando hienas con falda, como hacían con Mary Wollstonecraft cuando escribió *Vindicación de los derechos de la mujer* en 1791.

Lo peor de todo es que tengo la sensación de que nos hemos tragado esta imposición y andamos esforzándonos por resultar simpáticas. Os habla la imbécil que hace activismo con chistes y marionetas. La labor de relaciones públicas y los trucos de marketing para convencer a los demás de que el feminismo es bueno y necesario me parece algo agotador para las personas que tienen conciencia feminista y ofensivo para las que no. El feminismo es un movimiento a favor de los derechos humanos que se justifica por la existencia de una serie de desigualdades, violencia y prejuicios muy fáciles de apoyar con datos. Tratar de convencer a una mujer de que sea feminista diciéndole que esta toma de conciencia simplemente hará que se sienta bien, aunque engorde y se le caigan las tetas hasta las rodillas, que no conlleva cambios demasiado profundos en su manera de actuar y de pensar, es un engaño. Hablaremos más de este tema en el capítulo «Para la libertad».

Con los hombres es peor. Los argumentos que más oigo para atraer a los hombres hacia el feminismo tienen que ver con los beneficios que les puede reportar este cambio a ellos. Ey, tío, el feminismo es bueno para ti porque ya no estarás sujeto a los asfixiantes mandatos de la masculinidad hegemónica y podrás llorar con *Top Gun*, elegir quedarte en casa a cuidar a tus hijos y hacer todo el pilates que consideres oportuno a lo largo de la semana sin que nadie te juzgue. La justicia social no es la promoción de una compañía telefónica. No puedes sumarte a una revolución social porque te estén prometiendo tres meses gratis de HBO, simplemente tienes que hacerlo porque es lo mejor para todo el mundo, incluso si a ti te incomoda.

El feminismo no tiene por qué ser sexy, ni divertido, ni siquiera, en algunos de sus aspectos más profundos está obligado a ser accesible. Si el feminismo no te va a reportar ningún beneficio directo, cosa que dudo, quizá es porque ya los tienes todos. Aun así debes apoyarlo como el camino hacia un mundo más justo.

Contar muertas, agredidas y explotadas no es victimismo, es hacer inventario, relatar la realidad y, si los modos de hacer del feminismo te parecen agresivos, echa un vistazo a las dinámicas contra las que estamos luchando y verás lo que es violencia de verdad.

9
El machismo también es culpa tuya

Jaime y yo estamos en el parque infantil a primera hora de una tarde de invierno. A veces le acompaño cuando lleva a su hija de cuatro años, Elena, y charlamos lo que podemos porque Elena requiere más atención que un concursante del *reality* de *drag queens RuPaul's Drag Race* las veinticuatro horas del día. Hablamos de trabajo, del circo de siete pistas que es la crianza para su mujer y para él en una ciudad, de política... Desde que existe Elena, hablamos más de feminismo. Hoy ha circulado por redes sociales una campaña de una cadena de supermercados para anunciar juguetes en la que, sobre la foto de un niño en una moto, está escrito «Con "c" de campeón» y, sobre la de una niña con una espumadera en la mano en una cocinita, se puede leer «Con "c" de cocinera». Los supermercados han retirado la campaña por sexista. Jaime me dice que las cosas están cambiando, que tiene la esperanza de que el patriarcado haya acabado para cuando Elena aprenda que los mocos no se comen. «Sí, vamos por el buen camino», le contesto. Se agradece que los de esta publicidad hayan puesto «Con "c" de cocinera» en vez de «Con "c" de calientapollas». «Es el principio del fin, colega».

En ese momento entra en el parque una mujer empujando a duras penas un carrito por mitad de la zona de juegos. Lleva un abrigo negro muy voluminoso casi hasta los tobillos, los ojos y los labios maquillados en tonos morados y el pelo recogido en un moño. Es una figura grande y oscura, parece un Teletubby gótico. Va subida a unas botas de tacón de aspecto incomodísimo que clava y desclava de la tierra a cada paso. Jaime la señala con la cabeza con una sonrisa burlona. Por un segundo estoy a punto de seguirle el rollo a mi amigo y reírme de esa mujer que acaba de sacar de un bolso monstruoso un *tupper* con trozos de manzana. El bolso, en el que posiblemente lleva también el recipiente vacío con el que ha transportado su propia comida, el abrigo de pelo, el maquillaje, los tacones sobre los que bascula, esa mujer es un muestrario andante de todos los mandatos de la feminidad. De la feminidad tradicional porque, además del despliegue estético, ya lleva al crío apoyado en la cadera; y de la feminidad moderna omnipotente y empoderada, porque del bolso asoman una carpeta y una tablet. No me voy a reír de esa mujer. A saber cómo ha sido su día como camarera, comercial, representante de aspiradoras, recepcionista, o quién sabe qué, y madre, claro. A saber cuáles son sus razones para haber acometido el día subida en esos tacones.

Cuando le quiero explicar todo mi arranque de sororidad a Jaime, me fijo en su hija que trata de desplazarse hacia uno de los toboganes. La niña está inmovilizada de rodillas hacia arriba por unos leotardos que se le han ido bajando. Es como una foquita dando saltos, como si llevara una pequeña camisa de fuerza. Sobre los leotardos lleva una falda de vuelo que no cumple ninguna función y encima un abrigo corto con pelo sintético en el cuello y apliques de purpurina. También hay purpurina en la cuchara con la que Jaime le acaba de dar el yogur, en el pelo de su poni en miniatura, en su botella de agua, en la portada de uno de sus cuentos y en el vestido de una de sus muñecas que va maquillada como Raffaella Carrà en los ochenta. Absolutamente nada de lo que rodea a Elena es neutro, todo es específicamente *de niña*. No tengo nada en contra de vivir en un mundo de fantasía travesti, tengas la edad que tengas y sea cual sea tu identidad sexual; es más, soy una firme defensora de todo lo colorido, ornamental, plumoso, brillante y barroco. Pero si pasas tu primera infancia dentro de una incómoda y recargada carroza del Orgullo Gay, porque eso es lo que se supone que rodea a una niña, posiblemente, en algún momento de tu vida, te parecerá normal plantarte en el parque con tacones.

A Jaime le parecía ridícula la mujer con tacones y abrigo de pelo, pero no su propia hija casi inmovilizada por unos leotardos. Por cierto, hay que dejar de ponerles leotardos a las niñas. Los leotardos dificultan muchísimo la vida normal, en serio. «Es lo que le gusta a ella», me dice cuando se lo hago notar. Ajá, ahí estaba, la supuesta libertad de elección de una persona de cuatro años que todavía tiene problemas para controlar sus esfínteres y pasa las tardes sirviéndoles té invisible a sus muñecos. A Elena le regalaron sus primeras cosas *de niña* inocentemente, juguetes de determinados colores que tenían que ver con la belleza, el cuidado de bebés o animalitos de peluche. También sus primeros atuendos. Los niños y las niñas pueden vibrar de emoción con el periplo de un pez huérfano o pensar que un palacio de hielo sin muebles es un sitio estupendo para vivir, pero no son imbéciles, de hecho son unos portentos para detectar lo que agrada o martiriza a los adultos. En la atención de estos les va la supervivencia. Y la socialización de género —la educación diferenciada según el género— se basa precisamente en que lo que complace o irrita a los adultos es diferente si viene de un niño o de una niña.

A Elena, durante cuatro años, y a la mujer de los tacones, durante —calculé— unos cuarenta, les habían estado diciendo que su cuerpo es su mejor mercancía. No con esas palabras, claro, tu tía Ana Mari no te recoge un día de la guardería y te dice: «Acábate la merienda y recuerda que tu cuerpo es tu mejor mercancía». Es un mensaje indirecto, basta con decirles a las niñas que están guapas, insistir en esa cualidad y no en otras, y hacerlo justo cuando lo que llevan puesto se adapta más a la idea de feminidad tradicional. Reforzar positivamente que son formales en lugar de atrevidas, observadoras y no marisabidillas; coquetas en vez de ambiciosas. Afortunadamente, a veces estos mandatos no funcionan del todo o no funcionan en absoluto y estas niñas se convierten en adultas fieles a sí mismas y no a la presión que han recibido por adaptarse a un cliché.

La presión es complicada de combatir porque es invisible, casi siempre viene de dentro, el patriarcado se lo ha montado tan bien que hasta resulta verosímil que a una cría de cuatros años le encante llevar las orejas agujereadas y unos artilugios inmovilizadores de lana en las piernas, que una adulta lleve tacones en terreno blando, que cientos de mujeres nos sometamos a sesiones de láser depilatorio en una habitación de paredes color pastel con música *new age* de fondo que acaba por oler a beicon quemado porque nos están achicharrando los folículos pilosos hasta que nuestras axilas parecen ratas recién nacidas. Todo esto que, en principio, hacemos porque queremos, pero que, curiosamente, coincide justo con lo que se espera de nosotras es lo que la filósofa Alicia Puleo llama «patriarcado de consentimiento». Ella distingue entre «patriarcado de coerción», el que mantiene normas muy rígidas o leyes que diferencian el comportamiento de hombres y mujeres, y «patriarcado de consentimiento», en el que cada persona busca cumplir lo que se espera del rol que le ha sido asignado. En el caso de las mujeres: belleza, juventud, simpatía, pasividad, empatía y —en las dos últimas generaciones— también éxito profesional y empoderamiento; aceptable siempre y cuando se compatibilice con los cometidos de toda la vida.

La caja rosa y la caja azul

Piensa en dos cajas sorpresa, te las dan cuando naces de acuerdo con tus genitales. Una es rosa y la otra, azul. A Elena le dieron la rosa. Las dos cajas se han repartido siempre, pero su contenido va cambiando a través de la historia y a través de tu vida; también es distinto según el lugar en el que nazcas. Si naces en Egipto, hay muchas posibilidades de que encuentres una mutilación genital en tu caja sorpresa antes de la pubertad, mala suerte; en Chad tienes bastantes papeletas para que lo que haya dentro sea un matrimonio con un adulto al que no conoces. Si lo miramos desde esta perspectiva, Elena es bastante afortunada. En su caja, durante los primeros años, hay montones de cosas que parecen bastante inocentes, bueno, excepto esa costumbre de ponerles pendientes a las recién nacidas. Me pregunto qué pensaría una civilización extraterrestre que nos visitara de la tradición de agujerear orejas de bebés con trozos de metal. En la caja de Elena no hay mandatos firmes que tengan que ver con su género porque es una alegre niña madrileña de padres jóvenes con profesiones liberales. Solo saca de su interior juguetes rosas y brillantes, mensajes de cuidado y delicadeza, cuentos en los que las que se parecen a ella caminan atemorizadas por el bosque o esperan en torreones hasta ser rescatadas. Pero es aquí donde se acostumbrará a vivir su vida, de esta fuente irá sacando sus recursos para enfrentarse al mundo y aprendiendo lo que es normal y lo que no. En principio serán clases de ballet y no de fútbol, más leotardos y horquillas del demonio y menos ropa deportiva, recato y poca libertad de movimientos, dulzura en lugar de ambición, superficialidad en lugar de curiosidad, creatividad o espíritu aventurero. Después de años de manejarse en la vida —teniendo muy claro que ella dispone de un margen de acción diferente al de los chicos— y de hacer lo posible por agradar a los demás —respondiendo a lo que se espera de ella—, se encontrará a las puertas de la vida adulta.

A partir de ese momento todo se volverá muy confuso. De repente su caja rosa, su querida caja rosa de herramientas para transitar por la vida, la única que conoce, empezará a escupir un montón de cachivaches extraños, acertijos y comunicaciones contradictorias. Redes sociales en las que le conviene sexualizarse —tomando ejemplo de las divas del pop, si no quiere caer en la irrelevancia—, pero nunca hasta el punto de acabar convirtiéndose en una zorra; opciones académicas y laborales que son más rosas que otras; un príncipe azul que le pide la contraseña del móvil; un lobo feroz que la espera en el portal de noche y una madrastra que le pregunta adónde va así vestida.

El mundo le reclamará algunas cualidades y recursos que nunca estuvieron en su caja por poco femeninas: agresividad, soberbia, dotes de mando. Escuchará mandatos nuevos: «Sé libre, empodérate, puedes hacer lo que quieras, tienes todas las oportunidades a tu alcance, no consientas que ningún hombre te controle». Estos imperativos se cruzarán con otros más antiguos: «No vayas por ahí, no te quedes soltera, pon la mesa, cuida de tu abuelo, no seas bruja, no seas zorra, si vas así vestida ya sabes a lo que te expones».

Antes de que se quiera dar cuenta —porque el tiempo pasa muy rápido cuando estás corriendo en zigzag siguiendo instrucciones contradictorias—, su caja rosa estará llena de yunques y piedras. De jornadas laborales eternas en el mejor de los casos —en condiciones posiblemente precarias—, de cuidados que nadie ve y que todo el mundo asume como su responsabilidad, de castigos de silencio por haber tenido la desfachatez de envejecer, engordar, ser ella misma, contravenir cualquiera de esas instrucciones agotadoras, fallar en esta yincana extenuante. La caja rosa y todo lo que contiene le parecerá una jaula extraña, repleta de realidades que no ha elegido, que eligieron por ella en los tiempos de la inocencia, la purpurina y los palacios de hielo.

¿Y en la caja azul? Ahí dentro también hay mierda por un tubo y gran parte de ella tiene que ver con el machismo, pero es una caja más grande, por ahí dentro es más fácil encontrar un bastón de mando y menos sobrecarga de trabajo, por ahí dentro la autoestima no depende de los ojos del otro o de la otra. En esa caja hay menos mandatos y más recursos, es mucho más amplia. El machismo es una nube tóxica que nos envuelve a todos, es cierto, pero no hay que perder de vista que a los hombres les hace toser y a nosotras nos mata.

El terror de lo normal

Las cartas que nos reparten a hombres y a mujeres desde muy muy temprano son distintas, de ahí que sea arriesgado hablar de libertad. Elena puede no aceptar parte de todo esto o nada en absoluto, pero eso no cambia el hecho de que le tocó la caja rosa desde el primer día y se la vendieron como *normalidad*. Si sacas algo en claro de este libro, espero que sea que la normalidad es algo espeluznante. Eso y que los leotardos son *bondage*. *Bondage* infantil. Sé que este es un pensamiento perturbador, esa era mi intención, dejad de ponerles leotardos a las niñas.

Como iba diciendo, *normal* no es sinónimo de *bueno*, sino de acostumbrado y aceptado; y lo aceptado puede ser un disparate. Durante siglos se prendía fuego a mujeres sospechosas de brujería. Si ardían, es que eran inocentes, pero acababan muertas; si no se quemaban, significaba que eran brujas, por lo tanto eran castigadas con la muerte. Esto, con idas y venidas, fue normal en Europa aproximadamente desde el siglo XV al XVIII. Hoy se entiende como normal y saludable comprar un aguacate de cultivo ecológico empaquetado en tres capas de plástico que tardan tres millones de años en biodegradarse, llegado a tu ciudad gracias a un largo viaje desde Centroamérica propulsado por toneladas de combustibles fósiles. Hay bastantes pruebas científicas de que si no evitamos costumbres como esta, el cambio climático hará que acabemos todos viviendo en *Resident Evil 3* en muy pocos años[21], pero resulta realmente incómodo parar este suicidio colectivo que llamamos «normalidad». Desmarcarse no es sencillo, pero en muchas ocasiones es lo correcto para una misma y para los demás.

La normalidad encajonada en rosa no está funcionando demasiado para nosotras, pero está tan incrustada en nuestras cabezas que seguimos comportándonos conforme a ella. A mí

---

[21] *Véase:* Klein, Naomi. *Esto lo cambia todo: El capitalismo contra el clima*. Barcelona: Paidós Ibérica, 2015. Después de este libro, los informes de Amnistia Internacional sobre matrimonio infantil te parecerán *El principito*.

misma la costumbre me traiciona en cuanto bajo la guardia. Viendo un fragmento de un programa de televisión sobre cómo son las relaciones sexuales de los adolescentes escuché a unas chicas de unos dieciocho o diecinueve años quejarse. Sus novios eran demasiado bruscos, las agarraban del cuello, no prestaban ninguna atención a su placer y en el intercambio de sexo oral ellas siempre perdían. Regurgité entonces un pensamiento desde lo más profundo de mi programación machista: «Si no os gusta, ¿por qué no lo decís?».

Yo misma me reprendí y me apresuré a contestarme y ponerme la cara colorada. Porque tener dieciocho o diecinueve años significa estar formándose como adulta y, por lo tanto, convivir con muchas ansias de encajar, de estar más o menos en los parámetros de lo *normal* o transgredir lo justo como para destacar sin ser marginado o marginada jamás. Tanto para los chicos como para las chicas que tienen la infancia pisándoles los talones, esto significa tragarse muchos chupitos de Jägermeister, opiniones y conciertos de trap, que en realidad no querían tragarse, y hacer lo que intuyen que generará la aprobación del grupo. Solo tratan de ser interesantes, o por los menos parecerlo, y para resultar convincentes necesitan referentes que casi nunca son los mejores. En el sexo, esos referentes vienen del cine y del porno y en ambos lugares de manera más o menos explícita, la normalidad *mainstream* está hecha para los hombres, para su disfrute y el desarrollo de sus fantasías. Hablaremos del cine y las series más adelante. Respecto al porno, pone en el menú la depilación extrema, los juegos de asfixia y el sexo anal, para ellas, claro; prueba a proponerle a un chaval hetero que ronde la veintena hacer experimentos con la sodomía. ¿Por qué para ellos no?

Nadie les está poniendo una navaja en el cuello a estas chicas, es el patriarcado de consentimiento, simplemente viven un supuesto orden natural que no está hecho para ellas. Y creo sinceramente que tampoco para muchos de ellos.

Cuando un chaval muy joven por presión social, malas influencias que le entran desde todas partes, videoclips, videojuegos, amigos mayores, empieza a tontear con las drogas, todo el mundo asume que la responsabilidad no es del todo suya. Cuando es una chica muy joven la que acepta un sexo que no le acaba de gustar, debe rebelarse categóricamente, proponer lo que a ella le satisface, inventar referencias de su disfrute que no ha visto en ninguna parte porque, si no, es idiota, mojigata y poco feminista. Porque a pesar de haber sido criadas en la purpurina y las apreturas de los leotardos, llegadas a una edad a las mujeres jóvenes se les exige feminismo, como si pudieran pasar de Blancanieves a Simone de Beauvoir de un día para otro. Aquellas chicas a las que yo había juzgado tan apresuradamente habían llegado hasta la cama con su novio, el Johnny —con el que no se corrían ni a tiros—, sin mucha idea de su propio deseo. Habían estado rebuscando en su caja rosa cómo era el sexo ideal y no habían encontrado casi nada.

Los referentes malos o inexistentes y el diseño de la norma según lo masculino tiene consecuencias mucho más graves que un mal polvo. Uno de cada tres jóvenes españoles de entre quince y veintinueve años considera inevitable o aceptable controlar los horarios de sus parejas, impedir que vean a sus familias o amistades, no permitirles que trabajen o estudien, o decirles lo que pueden o no pueden hacer[22]. Esta es la terrorífica normalidad que hace costra en el fondo de la caja azul. Según el mismo

---

[22] Datos extraídos de la encuesta elaborada por el CIS: «Percepción social de la violencia de género por la adolescencia y la juventud» (2015), por encargo del Ministerio de Sanidad.

estudio, el 93 por ciento de los hombres jóvenes en la misma franja de edad considera inaceptable la violencia machista. El control sobre las mujeres está tan aceptado que es posible practicarlo, como indican los primeros números, y a la vez posicionarse en su contra, como hace ese 93 por ciento. Antes de juzgar a la mujer que no rechaza el sexo que no le gusta, que no se pone zapatillas de deporte para ir al parque, que no denuncia al primer indicio de malos tratos, hay que echarle un vistazo a su realidad, a la nuestra, al aspecto que tienen los patrones sobre los que nos construimos como hombres y como mujeres, porque hasta que no veamos los rígidos límites de cada una de nuestras cajas, no las podremos dinamitar.

La culpa es de las madres

Tras un largo debate con Jaime a gritos en los columpios sobre estereotipos dañinos para las mujeres y tan alienantes que hasta nos impiden reconocer la violencia, su salida fue informarme de que, a Elena, los leotardos se los había puesto su madre. Claro, su madre es la que «se ocupa de estas cosas».

En este libro hay muchos ejemplos de cómo los pasos que damos hacia el feminismo se usan contra nosotras. Como si cada vez que tratamos de buscar justicia o actuar con libertad estuviéramos tirando un *boomerang* que en algún momento volverá para golpearnos en la frente. Los golpes son la culpabilización cuando denunciamos públicamente malos tratos o acoso, las acusaciones por ser demasiado ambiciosas cuando destacamos, o de victimizarnos cuando simplemente hablamos de nuestra realidad. De todas estas volteretas argumentales machistas, la primera y la más perversa es decir que el machismo es culpa de las madres porque son ellas las que se ocupan de la educación de los hijos y las hijas en los roles de género. Si tu novio lleva treinta y cinco años sin limpiar un váter, la culpa es de su madre porque, al fin y al cabo, era ella y solo ella la responsable de hacer de él un hombre autosuficiente. O sea, el tipo tiene canas y un posgrado de Ciencias Políticas, pero la culpa de que sea un misógino la tiene su madre por haberle inculcado valores machistas a base de inflarle la autoestima y recortarle los bordes del pan de molde a sus sándwiches de Nocilla.

En resumen: la sociedad no es igualitaria porque solo nosotras nos ocupamos de los cuidados y solo nosotras nos ocupamos de los cuidados porque la sociedad no es igualitaria. Es un círculo vicioso, pero además una mentira y una trampa. Es otra vez la irrespirable normalidad operando a toda máquina, las mujeres nos ocupamos de los cuidados porque nos lo han enseñado otras mujeres que, a su vez, lo han aprendido así. Y lo hacemos para encajar, no porque sea natural, no porque nos guste ocuparnos del trabajo invisible y tedioso que propicia que los hombres tengan tiempo y energía para salir ahí fuera a trascender. La filósofa Ana de Miguel, una referente imprescindible del feminismo, dice que el machismo es la única opresión en la que la oprimida antepone la felicidad del opresor a la propia. A la presión por mantener los roles tradicionales, se añaden nuevas presiones: libérate del machismo, progresa, destaca creativamente y rompe moldes, eso sí no sin antes dejar a las próximas generaciones bien formadas en la igualdad de género, peinadas, planchadas y con la merienda hecha.

¿Cuántas veces has oído eso de «yo no soy machista porque en mi casa manda mi madre»? No manda, gestiona, realiza un trabajo de logística constante, agotador y no remunerado. La supuesta autoridad de esas madres, que por lo visto anulan el machismo, se llama carga mental. Consiste en que cuando las mujeres no están haciendo las labores del hogar, las están organizando y repartiendo. La respuesta más frecuente a esta sobrecarga es: «Si me lo dijera, la ayudaría». No son capaces de ver que solo pensar y encargar todas las tareas imprescindibles para sacar adelante a unos críos saludables, una despensa bien abastecida, un montón de cacharros fregados, deberes hechos, lavadoras puestas, mascotas vacunadas, abuelos medicados, facturas pagadas, clases extraescolares atendidas ya supone un esfuerzo. ¿Por qué entienden la carga mental y la labor de gestión cuando la realiza un tipo que manda *emails* y bajo cuyo nombre pone *management*? Quizá la sobrecarga de las mujeres se comprendiera mejor si la planteáramos en esos términos corporativos que se llaman «trabajo».

De: Madre
Enviado el: 14/12/2018
Para: Padre
CC: Abuelos, Canguro, Profesora
Asunto: Planning semanal y gestión del Proyecto de Adulta 1

Estimado Antonio, para agilizar el trabajo esta semana he diseñado un planning completo de modo que el equipo solo tenga que seguirlo de acuerdo con las prioridades detalladas a continuación.

Tareas prioritarias:

1. Suministrar el medicamento para las lombrices de Alba o Proyecto de Adulta 1. He preparado un excel con la posología del medicamento que puedes encontrar en la carpeta «Enfermedades» del servidor. Me he ocupado de la previsión de avituallamiento para toda la semana, así que solo tendrás que seguir el calendario que encontrarás en el directorio «Menú».

2. Poner lavadoras alternas de blanco y color. Me he encargado personalmente de separar previamente las prendas.
3. Hay dos nuevas citas en el calendario de vacunación y en el calendario de citas con el dentista de Proyecto de Adulta 1, también está entre mis competencias mantenerlo actualizado.
4. Respecto a las alertas de las nuevas clases extraescolares y el vestuario necesario para cada una, le mandaré avisos de Outlook puntualmente, también para las necesidades de organización e higiene de la oficina que vayan surgiendo a lo largo de la jornada.

Tareas secundarias:
1. Reunión de team building *con los padres de los amiguitos de clase de Proyecto de Adulta 1. He abierto un nuevo calendario que mantendré puntualmente actualizado para la gestión de sus invitaciones a cumpleaños, no dude en acercarse a mi despacho para hablar del presupuesto de cada regalo en función del grado de confianza del homenajeado con el Proyecto de Adulta 1, aunque solo la distribución de tareas entre el equipo no me deja demasiado tiempo para nada más.*
2. Gestionar la recogida del colegio los martes por parte del Equipo de Apoyo Itinerante Abuelos. Por favor, recuerde que es importante el trato personal con estos colaboradores, ya que su labor es imprescindible para la buena marcha del trabajo.

Para cualquier imprevisto o aclaración, estaré en mi despacho veinticuatro horas al día, siete días a la semana.

Mamá
Head of Family Management

10
PRACTICA LA SORORIDAD EXTREMA

Las historias sobre rescates que estamos acostumbradas a escuchar, tanto de niñas como de adultas, suelen incluir príncipes o sucedáneos de príncipes. La candidata al rescate languidece mirando por la ventana, recién duchada y sosteniendo, no una lata de cerveza, sino una taza de algo que humea. Como veremos más adelante, la ficción no ha reflejado demasiado bien la realidad femenina. En el mundo real, cuando las mujeres contemporáneas andamos necesitadas de rescate, porque nos han despedido, porque se nos ha puesto de moda el barrio y ya no podemos pagar el alquiler, porque la precariedad nos mastica los nervios y se nos acaban los recursos. O incluso por amor, no lo hacemos así. Para empezar, eso de que tienes el pelo limpio en plena crisis es ciencia ficción, lo tienes grasiento. Deambulas por la casa en pijama con las mangas llenas de mocos resecos y los ojos hinchados, pareces el líder de una secta apocalíptica y tu casa un criadero de gallos de pelea.

Al rescate casi nunca llega un hombre en leotardos, excepto si es un amigo homosexual que viene de clase de yoga aéreo.

A nosotras nos salva la renovación de un contrato temporal, una prórroga del casero, la ampliación de la fecha límite para entregar lo que tienes entre manos y, sobre todo, por encima de todo, una amiga, con suerte, dos. Le lloras un rato al teléfono porque con ella no hay que guardar las formas, ella ha estado cerca siempre y sabe lo que vas a decir tres meses antes de que lo digas. Tú le dices: «No hace falta que vengas»; y ella te dice: «No bebas sola Escarlata. La gente acaba por enterarse y destruye la reputación»; ahí te pilla, ella sabe que te encanta *Lo que el viento se llevó* porque la cabrona te conoce como si te hubiera parido.

La sororidad es eso, un rescate. Las amigas son lo mejor del mundo, son los vídeos de gatitos de la humanidad. Pueden sacarte del pozo o devolverte a la realidad y ponerte en tu sitio cuando pierdes el manejo de la barca. La sororidad es ese abrazo cálido, ese poder dejarse caer, pero en términos colectivos. Si el patriarcado es esa mala digestión que te hace vomitar, la sororidad es la amiga que te sujeta el pelo.

El secreto mejor guardado del patriarcado

La sororidad es el pacto de solidaridad entre mujeres distintas que han sido objeto de una opresión común. Fue la antropóloga feminista mexicana Marcela Lagarde quien popularizó el término. Ella también acuñó la palabra «feminicidio» para visibilizar los sistemáticos asesinatos de mujeres en Ciudad Juárez. Después logró sacar adelante una comisión de investigación sobre los feminicidios y una ley. Ahora me gustaría mucho que parases de leer un momento y reflexionaras sobre la importancia de localizar los problemas con el lenguaje. ¿Ya? Continuemos.

La sororidad de los hombres se llama «fraternidad». Sí, lo sé, estás mucho más acostumbrada a escuchar esta palabra. Eso es porque este tipo de relación, este pacto entre iguales, esta «fratria» en palabras de la filósofa Amelia Valcárcel[23] nos ha sido transmitida como un vínculo natural e inquebrantable y a ellos también. Cuando un adulto le dice a otro que los niños son más nobles, más bonachones e inocentes y las niñas más astutas; o sea, manipuladoras, es decir, un poco cabronas; esos niños y esas niñas siempre están escuchando. A ellos les apuntan a fútbol y les dicen que sus compañeros de equipo son lo primero. Ellas llevan desde la infancia escuchando que pertenecen a un grupo cuyos miembros no merecen demasiada confianza.

Escuchas que no hay peor enemiga para una mujer que otra mujer, no es algo que puedas comprobar estadísticamente, pero es una idea que, a base de rondarte, localizas con facilidad en tu entorno. «Si Elena de Recursos Humanos es bastante agresiva en sus *mails*, debe de ser que sí, que la mujer es una hiena para la mujer». Escuchas que el ambiente en esas oficinas de mayoría femenina es un poco como el de los sótanos de interrogatorio de los jemeres rojos, pero con regalos del día de la madre hechos con macarrones, como *Juego de Tronos* si todos los personajes fueran Cersei Lannister. La educación y la perpetuación de clichés sobre la rivalidad de las mujeres hacen un trabajo minucioso para esconder, empañar y minimizar nuestra maravillosa com-

[23] Si sacas una sola cosa en claro de este libro, me gustaría que fuera que hay que leer absolutamente todo lo que ha escrito Amelia Valcárcel e ir a todas sus conferencias. Es la Madonna del feminismo español. Nos ha parido, intelectualmente hablando, a todas y cualquier cosa que hayamos dicho después son notas a pie de página de su pensamiento y del de Celia Amorós. Bien. Continuemos.

plicidad, mientras que se ocupan de insistir en la amistad entre hombres como algo místico. Y funciona.

Observa todas esas ocasiones en las que criticas el comportamiento de otro tío en grupo y los hombres presentes se ponen de su lado o tratan de disculpar su actuación sin conocerle siquiera. Ellos tienen muy claro el equipo al que pertenecen, se lo han enseñado todas esas pelis de *cowboys*, soldados, ladrones de bancos, compañeros de fraternidad, mili o nave espacial. Esta camaradería automática es algo aprendido que resulta muy útil, por ejemplo, para establecer complicidad rápida en ambientes laborales y, por lo tanto, prosperar. El compadreo es el paso previo al ascenso. *Bros before hoes* (los colegas antes que las rameras), como dicen en todas esas series norteamericanas que vemos todo el mundo sin parar.

A nosotras no nos hablan demasiado del comadreo. Lo que escuchamos de crías es que somos rivales naturales, a medida que crecemos esta idea se va reforzando en la cultura popular. Las grandes amistades cinematográficas que vemos, desde *Eva al desnudo* hasta *Girls*, tienen siempre altos ingredientes de toxicidad y puñaladas traperas. No porque sean más fieles a la realidad, sino porque las historias de *amienemigas* son mucho más jugosas narrativamente hablando, para qué nos vamos a engañar.

Y sin embargo, a pesar de todo, contracorriente, somos comadres. Cuando corres al rescate de tu amiga, esa que lleva tres días sin salir de casa porque quitarse los trozos de Doritos del pelo le parece un obstáculo insalvable, es porque la quieres, pero sobre todo porque la entiendes. Eres capaz de meterte en sus zapatos, bueno, en este caso, eres capaz de meterte en su pijama roñoso. Ves con claridad de qué manera la vida le ha pasado por encima porque posiblemente a ti te ha arrollado de forma parecida. La sororidad es eso elevado a la colectividad. Tomar conciencia de que vivimos en una estructura que es más hostil para las mujeres y tratar de compensarlo tendiéndoles la mano de manera automática. La sororidad, en muchos casos, pasa simplemente por pararse a pensar, por ejemplo, antes de criticar a una mujer por sexualizarse para conseguir la atención de los hombres. Este sentimiento de solidaridad debería empujarte a pensar que quizá ella solo conoce una herramienta para abrirse paso en esta selva de imposiciones y prejuicios.

En resumen, la solidaridad entre mujeres no solo es importante, también es una especie de arma secreta que la sociedad patriarcal se ha ocupado de ocultar porque es la llave hacia la acción colectiva. Nos quieren solas, nos tendrán en manada.

Nunca volveré a discutir con otra mujer

A veces tengo la sensación de que la reacción a esta cuarta ola del feminismo es como esas llaves de judo que usan la fuerza del golpe en contra del oponente, todas nuestras estrategias y luchas se tergiversan para volverlas en nuestra contra. Incluso la sororidad, tan positiva, tan útil, puede convertirse en otro puñado de arena más que tirarnos a los ojos.

Estar en desacuerdo con otra mujer feminista, discutir airadamente con ella, e incluso arrastraros mutuamente del moño en redes sociales, no es una falta de sororidad. Es absurdo pedir a un movimiento social tan hondo y tan ancho, que se ha extendido tanto por el mundo y por el tiempo, que va cambiando con nosotras, que sea compacto.

Desde que el feminismo está en la conversación se ha puesto de moda preguntar a todas y cada una de las mujeres con un perfil público, actrices, científicas, estrellas del pop, sobre el tema. Una prueba del algodón más que se añade a las que ya tenemos que pasar de serie. Además de estar buena, disimular tu edad y tener una vida afectiva y familiar aceptable sin muchos vaivenes, ahora tienes que ser feminista. El feminismo, cuyo objetivo es aligerarles un poco la carga también a las mujeres más expuestas, se convierte en una excusa para hacerles pasar otro examen. Las que no lo pasan son lapidadas en los altares de la falta de sororidad y, en una paradoja absurda, las que las critican también.

No es justo usar los conflictos y las discrepancias comunes a cualquier sistema de ideas para negar la existencia misma de la sororidad. Y sobre todo, hay que dejar un poco en paz a las actrices, no se nos va a despeñar la revolución porque Paula Echevarría no se haya leído *El segundo sexo*[24].

Amiga desconocida

Soy una cabeza hueca optimista, pero tengo la esperanza en la sororidad como herramienta de cambio. Un día miramos fuera de nosotras mismas para darnos cuenta de que formamos parte de una hermandad de desconocidas que comparte nuestros problemas. Esas mujeres no son automáticamente nuestras amigas, pero interiorizar que desde luego no son nuestras rivales, ni una amenaza, supone un cambio de mentalidad enorme. Llegadas a este punto conviene dar un paso más, trascender lo que nos afecta directamente, observar también los problemas con los que estamos menos familiarizadas. Atender solo a nuestros asun-

[24] Simone de Beauvoir. *El segundo sexo*. Madrid: Cátedra, 2017.

tos nos convierte en un equipo de animadoras, no en una comunidad. Como dice la periodista y *youtuber* Irantzu Varela[25]:

Cuando tienes conciencia feminista sabes que todas las mujeres están en situaciones de opresión, la mayoría peores que la tuya, por cierto. Y que cada decisión que tomas es una elección entre empezar a destruirlas o aprovecharte de ellas. Y eso es lo que define tu práctica política. Así se hace una feminista.

El feminismo es conciencia y acción, la sororidad es emoción. Tiene que ver con mirar a los ojos a otra mujer, con una vida completamente distinta a la tuya y pensar que podrías ser tú, ahí es cuando empezarás a plantearte transformar el mundo en algo más cómodo para las dos.

Me gusta la imagen de la mujer recomponiendo los pedazos de su amiga llorosa en albornoz, ese es el heroísmo que a mí me interesa. Un vínculo compasivo, humano y poderoso, un rescate de verdad, no como los de los príncipes y los de los bancos. Da vértigo multiplicar la fuerza de ese gesto por multitudes. En la manifestación del 8 de marzo de 2018 celebrada en Bilbao, las mujeres corearon la canción «A la huelga» de Chicho Sánchez Ferlosio, a la que habían cambiado la letra para la ocasión. Estas eran algunas de las estrofas.

Se han llevado a mi vecina, en una redada más,
y por no tener papeles, ay, la quieren deportar.
A la huelga diez, a la huelga cien, esta vez queremos todo el pastel.
A la huelga cien, a la huelga mil, todas a la huelga vamos a ir.

---

[25] *Véase:* Varela, Irantzu. «Por qué no podemos despedir a mujeres embarazadas». *Vice*, n.º 21 (noviembre, 2018) (en línea: *https://www.vice.com/es/article/gy7ygm/leticia-dolera-aina-clotet-feminismo-politica*).

Trabajamos en precario sin contrato y sanidad,
y el trabajo de la casa no se reparte jamás.
A la huelga diez, a la huelga cien, esta vez la cena no voy a hacer.
A la huelga cien, a la huelga mil, todas a la huelga vamos a ir.

Privatizan la enseñanza, no la podemos pagar,
pero nunca aparecimos en los temas a estudiar.
A la huelga diez, a la huelga cien, en la historia vamos a aparecer.
A la huelga cien, a la huelga mil, todas a la huelga vamos a ir.

Este momento se retransmitió en muchos telediarios nacionales. Presentadores, presentadoras y corresponsales callaron emocionados para que se escuchase bien lo que las manifestantes cantaban como una sola. En sus palabras también había unión, cantaban las injusticias y miserias de las más débiles de la manada. Esa es la mayor esperanza que he puesto sobre el poder de la sororidad, que sea capaz de unirte a ti con tu vecina subsahariana, a las de los libros de historia de España con las chavalas de la marea verde argentina, a las abuelas que quieren que sus nietas sean presidentas del Gobierno con las ministras que quieren legislar para las abuelas de los cuidados invisibles. A todas en una red de manos que se tienden y se aferran, que de verdad se están empujando y aupando.

Es increíble lo bien que se nos da ser comunidad con las molestias que se han tomado en convencernos de que nosotras no podemos.

11
Cuéntalo

Tengo algo importantísimo en común con Harvey Weinstein. Con él y con Donald Trump, Polanski, Terry Richardson, Dustin Hoffman, Woody Allen, con ese tío de la gabardina que se escondía detrás de los setos de tu facultad y también con aquel exnovio. A mí, como a todos estos señores, me gustan las mujeres. Pero hay ciertos límites que todos ellos han sobrepasado, o son sospechosos de haber sobrepasado, y yo no. Mis deseos y los de millones de acosadores van en la misma dirección, ¿por qué entonces nos comportamos de manera tan diferente respecto a lo que deseamos?

Nunca he perseguido a una mujer por la calle, ni he interrumpido su conversación una y otra vez en un bar hasta obtener su atención de mala gana, ni la he tocado sin conocerla. No he forzado situaciones de acorralamiento en ningún medio de transporte, portal o ascensor. Si se daba el caso de que la mujer deseada y yo teníamos una relación laboral, he tenido en cuenta que podía sentirse presionada antes de dar ningún paso. No he enviado nunca fotos no solicitadas de mis genitales, ni siquiera aquella vez que traté de depilarme el pubis en forma de rayo y me quedé bastante cerca de conseguirlo. Por potentes que fueran mis impulsos, siempre he conseguido reprimirlos para no gritarle nada a ninguna desconocida sobre su cuerpo o su vestuario en la vía pública. Cuando las mujeres me han rechazado o ignorado, jamás he reaccionado insultándolas. Pues bien, incluso teniendo presentes todos estos engorrosos aspectos de la interacción humana basada en el respeto, he disfrutado de una vida sentimental y sexual bastante decente, además de libre de problemas legales. Habré importunado, por supuesto, los humanos somos unos primates maleducados e imprevisibles diseñados para importunarnos los unos a los otros, pero cuando es un grupo —los hombres heterosexuales— el que sistemática y masivamente importuna a otro —las mujeres—, conviene reflexionar y actuar.

Hay quien piensa que combatir el acoso a las mujeres en la vía pública, los festivales, las universidades y los lugares de trabajo traerá consigo la muerte de la seducción tradicional y, a la larga, el fin de la especie humana. Pero de verdad, pregúntenos a las lesbianas, llevamos milenios seduciéndonos entre nosotras sin que nadie haya tenido que crear un *hashtag* para denunciar nuestra tendencia a hacerlo de manera agresiva y violenta.

Apartemos el foco de quienes sufren acoso, insistencia, presión o simplemente ese testeo constante de la paciencia: las mujeres. Se habla demasiado de ellas. Ya sabéis, esas mujeres con minifalda, con escote, con burka, esas chicas que viajan solas o con seis amigas, que acostumbran a caminar por lugares oscuros, beber con extraños, que tienen la ocurrencia de ser rubias o tetonas o altas o bajitas, que tienen once años o treinta y nueve. Olvidémonos de ellas, son demasiado diferentes entre sí para sacar nada en claro. Apuntemos hacia las personas que lo llevan a la práctica. ¿Se trata de gente a la que le gustan las tías? No, ya hemos aclarado que entre las lesbianas los límites de la seducción por lo general están bastante claros, la respuesta es: los hombres. Se trata de hombres. De muchos hombres.

En los últimos años millones de mujeres han hecho estallar las cloacas de esa costumbre poniendo sobre la mesa las vivencias que han discurrido en la cara oculta de su experiencia del mundo. El murmullo empezó allá por 2015, una concursante de Master Chef junior Brasil de doce años fue víctima de un repugnante corrillo de tuiteros que comentaban hasta qué punto era *violable*. El colectivo feminista brasileño Think Olga lanzó el *hashtag* #Primeiroassedio (primer acoso), miles de mujeres y adolescentes respondieron relatando sus experiencias a los doce años, a los diez, a los siete; por parte de desconocidos, familiares, profesores; en el colegio, en la calle, en sus propios dormitorios. Valentina se encontró, de pronto, rodeada del calor de sus testimonios; de repente, los chistes pedófilos de los tuiteros eran demasiado verosímiles para ser graciosos. Este es un buen ejemplo del poder de la sororidad.

En 2017, las denuncias a Harvey Weinstein por acoso empezaron a despegar la mugre que llevaba décadas acumulándose en lo más profundo de la industria cinematográfica. Primero hablaron tres, después diez, luego setenta, y en octubre, a través del *hashtag* #Metoo, millones. A menudo las denuncias, sobre todo a los poderosos, se vuelven contra las denunciantes. Cuando están solas es fácil desacreditarlas, amenazarlas con arruinar sus carreras e incluso culpabilizarlas. Pero esta vez, la unión hizo la fuerza. De nuevo la sororidad como motor de la fuerza bruta, de masa, para cambiar las cosas. Por fin la denuncia no se volvía contra la víctima para victimizarla doblemente, por fin el ventilador de mierda apuntaba en la dirección correcta.

Desde entonces y hasta hoy, las mujeres famosas y anónimas han seguido hablando bajo otras etiquetas: #balancetonporc (delata a tu cerdo) o #cuéntalo, creado por la periodista Cristina Fallarás. Con sus relatos han sacado a ese vecino sobón, a ese pariente que siempre las buscaba en los rincones oscuros de la casa, a ese compañero de trabajo, exnovio, jefe, que les provocaba un nudo en el estómago, del ámbito del problema individual. Cuando lo mismo se repite entre tantas mujeres con tan poco en común y en tantos lugares distintos, entonces el problema no es tuyo con ese baboso de la oficina, es de la sociedad. Esa es la normalidad para las mujeres y resulta difícilmente soportable.

Lo hemos visto de repente, de golpe —gracias Internet— y en todas sus intensidades y manifestaciones. El hecho de que exista una escala muy amplia de gravedad en las actitudes de acoso ha servido para hacer algunos patéticos intentos de desactivar este clamor. «¿Entonces abrirle la puerta a una mujer me convierte en un opresor?», «¿No puedo volver a saludar a ninguna mujer con dos besos?, ¿ni meterme en un ascensor con ella? Estoy confuso, ¿debo comportarme como un finlandés con síndrome de Asperger en este nuevo mundo que se escapa a mi entendimiento?», «¿Acaso soy un delincuente por gritarle "guapa" a una chica». No, claro que no. Tu abuelo tampoco es un miembro del Ku Klux Klan por hacer un chiste racista en la mesa de Nochebuena, pero ¿por qué aquí te cuesta menos ver que, aunque sea a diferente escala, en los dos casos hablamos de racismo?

Esta normalidad no hay quien la aguante, en todas sus dimensiones. La tensión tan familiar cuando, caminando por la calle, tienes que atravesar un grupo de chicos; la irritación cuando un desconocido te solicita sonrisas; la incomodidad cuando uno de esos entrañables señores de más de cincuenta que pueblan las oficinas españolas te saluda agarrándote como si fuera tu pareja de tango, todo eso no va a matarnos, ni a traumatizarnos de por vida, ni es comparable a la violencia física, pero preferiría que esa inercia masculina a probar la paciencia y la buena educación de las mujeres se sometiera a una revisión colectiva en lugar de seguir formando parte de una *normalidad* que obviamente es más normal para unos que para otras.

La resistencia al cambio en un plató de televisión

Un clásico de los reproches a las feministas es la supuesta ligereza con la que hablamos de «los hombres» y «las mujeres» en general; de su comportamiento y la educación que reciben. Obviamente, hay muchísimos hombres que jamás en su vida han acosado y, posiblemente, existan mujeres que nunca se hayan sentido violentadas en una situación de este tipo. Pero cuando se habla de dinámicas de opresión comprobables entre diferentes grupos humanos, como el racismo, el machismo, la transfobia o la homofobia, es bastante incómodo utilizar siempre detrás de «los hombres» la muletilla «excepto tu padre, tu hermano, Benedict Cumberbatch, aquel novio que tuviste en segundo de carrera, tus doce mejores amigos gays, Íñigo Errejón, Carles Francino, Tom Hardy...». Las feministas habríamos tardado siglos en explicarnos, más siglos, quiero decir.

Cada vez que trato de hablarle a un hombre de la estructura que considera aceptable que se invada el espacio de las mujeres en la calle, se revuelve. Me dice que «no todos los hombres», que «ningún hombre que él conozca», que no generalice, «que existen matices». Toda estructura tiene sus excepciones, pero abundar en las felices excepciones no nos va a ayudar a cambiar la norma.

He dicho *hombres*, pero también hay *mujeres* que participan de esta *normalidad*. Pocas. Yo conocí a una de ellas en un plató de televisión. Una productora me ofreció participar en una mesa de debate para un programa piloto sobre feminismo. Así que me hice con una americana rosa chicle estilo *Tootsie* y pedí una mañana libre en el trabajo. El tema de la tertulia era la necesidad, o no, de legislar acerca del acoso callejero en España, al igual que se ha hecho en otros países como Bélgica o México. El caso es que en un momento dado me encontré sentada en una mesa retroiluminada con forma de herradura, maquillada como un travesti filipino en la Nochevieja de 1983, tratando de articular mis opiniones sin tacos.

Me rodeaban una mujer que se dedicaba a la música, una guionista y una profesora y ensayista con un currículum bastante imponente. Las tres primeras estábamos de acuerdo en que la ley debe proteger la dignidad de las personas y asegurar su tránsito por el espacio público sin deteriorar las libertades. Discrepábamos sobre si ya hay leyes a las que se pueda acoger alguien que sufra acoso callejero, sobre la dificultad práctica de aplicarlas, sobre cuán grave es este tema en nuestro país comparado con otros. Era una fiesta de pijamas bastante aburrida, la verdad, hasta que entró en juego la profesora universitaria para negar la mayor.

Pintó un agradable panorama costumbrista de película de José Sazatornil y defendió los piropos de toda la vida como si fueran patrimonio inmaterial de la humanidad. A ella siempre se los habían lanzado castizos, copleros e ingeniosos. No sentía que el espacio público fuese un terreno más amenazador para las mujeres que para los hombres, a pesar de haberse movido en el ambiente universitario, con todos esos caminos de setos entre las facultades sembrados de pervertidos que corretean masturbándose entre las azaleas como perrillos de la pradera cachondos, con todas esas estudiantes con la carpeta apretada contra las tetas como si fuera un chaleco antibalas. Nada, nada de eso había sucedido en su presencia, ella se había mantenido ajena a todo y así nos lo explicó.

«Pero, aunque usted haya tenido la suerte de que no le haya pasado, sabe que pasa. Que pasa mucho, ¿verdad?». En este punto yo sudaba debajo de los focos, el maquillaje de mis ojos y mis cejas emprendía un lento viaje hacia mi cuello y empezaba a parecer el payaso del túnel del terror de la feria de Málaga. Entonces llegó lo peor. Dijo que todas las personas somos distintas y complejas, aquí de acuerdo; que no todas las interacciones humanas se pueden regular por ley, ahí también de acuerdo; y que le molestaba ese «las mujeres», no se sentía incluida, ni apelada, ni empática por ese «las mujeres» con el que a nosotras se nos llenaba la boca.

Por lo visto su propia experiencia era tan radicalmente distinta a los millones de tuits del #Metoo y las estadísticas del Ministerio del Interior sobre sexismo que invalidaba cualquier reflexión sobre las mujeres como grupo humano. Más sudor, el rímel ya me llegaba a las clavículas. Lo que tantas y tantas veces había escuchado de hombres ajenos al feminismo para bloquear mis argumentos, solo por el hecho de que ellos no se sentían directamente identificados con lo que les contaba, ahí estaba, en boca de una intelectual. Ese «las mujeres» que tan útil había sido desde los albores del feminismo para incluir incluso a las que estaban conformes con su situación, o no estaban en disposición de verla, y que nos había llevado a donde estamos, ya sabéis: a poder VOTAR, tener propiedades y demás asuntos propios de ciudadanas de pleno derecho, le parecía una generalización caduca, falsa, gravísima, un escupitajo en la cara de su preciosa e incuestionable individualidad. Claro que las mujeres no somos un bloque homogéneo, ni el feminismo es un bloque homogéneo, ni siquiera yo misma era un bloque homogéneo con toda esa sombra de ojos y esa laca resbalándome por el cuerpo.

No quise perder la esperanza. Allá que fui con el argumento de que las mujeres de cualquier orientación sexual no lo hacemos. «Pero, por favor, por favor, por lo menos reconózcame que la *inmensa mayoría* de las mujeres no interpelan a desconocidos por la calle. Cuando *sucede* —a las personas no feministas les tranquiliza enormemente que les digas que las cosas suceden como si fueran fenómenos meteorológicos—, son hombres en su *inmensa mayoría* quienes lo hacen. ¿Y ha pensado por qué? Cuando un hombre te dice: «¿Adónde vas tan solita?», no espera que le contestes: «A la gestoría, ¿te vienes conmigo?» y la situación acabe con sexo salvaje y champán. Te interpelan por interpelarte. Por marcar territorio. Si empujas un carrito de bebé lo hacen igual, si vas acompañada de una amiga, también, si llevas un hombre al lado, no». No, nada, tampoco por ahí.

Para cuando el debate acabó con unos aplausos desganados del público ordenados por la regidora, yo parecía sacada de una película de John Waters y ella ya había calificado mi postura de *puritana*. En algún punto de 2018, en una loca voltereta intelectual, cuestionar los usos y costumbres de toda la vida se había convertido en un ataque monjil a la libertad de expresión. Pero a mi interlocutora, más que la legislación sobre el derecho de las mujeres a disfrutar del espacio público sin ser molestadas, intimidadas o agredidas, lo que le preocupaba era la generalización, que nadie la confundiera con un miembro de nuestro club de quejicas y tiquismiquis.

Todos aquellos *hashtags*, todos aquellos relatos habían logrado sacar el abuso del terreno de los asuntos privados que te tienes que resolver tú. También habían logrado colocar el acoso callejero en el debate y dejar de considerarlo una entrañable tradición o un ritual de seducción. Interpelar a las mujeres por la calle porque sí es una característica más de esa *normalidad* en la que ya hemos visto que los hombres están a sus anchas.. Pero existía una resistencia a toda aquella oleada de cambio, y venía desde donde menos te lo esperabas.

El primer pene que vio la escritora ecuatoriana María Fernanda Ampuero

Mi revancha personal hacia esta mujer es colocarla exactamente un par de líneas por encima del relato de cómo mi amiga María Fernanda Ampuero vio un pene por primera vez.

Seguro que ni la periodista y escritora ecuatoriana María Fernanda Ampuero ni el propietario del pene pensaron jamás que su interacción fuera a tener tanto valor sociológico como para acabar en un libro escrito en España varias décadas después, pero así es. Supongo que ya os vais haciendo a la idea de que en este relato no hay música de saxofón a la luz de las estrellas ni sábanas de satén. Bueno, puede que haya satén, pero definitivamente en un contexto radicalmente distinto.

Mafe tenía seis años y viajaba en el asiento del copiloto junto a su madre, las dos venían de hacer la compra en un supermercado de su Guayaquil natal. Pararon en un semáforo y un hombre adulto con un brillante y colorido traje de payaso, peluca roja y un manojo de globos en la mano tamborileó con sus dedos enguantados en el cristal de la pequeña Mafe para llamar su atención. Ella se giró inocente, ilusionada hacia su madre para pedirle un globo. Cuando volvió la cabeza, ahí estaba, asomando en medio de la vistosa tela de rayas, como si fuera la trompita de un elefante explorando el mundo a través de una carpa de circo, su primer pene. En los segundos que tardó en volver la cabeza, lo que había al otro lado del cristal pasó de ser un mundo de magia y fantasía a ser, bueno, cómo decirlo, la polla de un desconocido en tu cara. Ver tu primer pene antes de los diez a veinte centímetros de tu madre, rodeada por las bolsas de la compra semanal, no es la situación ideal para nadie.

Mafe me contó que entonces su madre hizo un gesto de fastidio y desagrado. «No mires. Son cosas que pasan», le dijo, son cosas que el mundo te lanza a la cara desde niña si eres una mujer. Ya de adulta, comprendió el razonamiento de su madre, su indiferencia. Debió de pensar que aquello era un fastidio asumible comparado con el resto de «cosas que *pasan*»; ya sabéis, como la lluvia o los huracanes. A medida que fue creciendo, leyendo los periódicos, caminando por la noche, teniendo relaciones, trabajos, entendió por qué su madre solo se encogió de hombros. Después de todo, lo que había sucedido era algo de lo que en algún momento podría reírse, no todas podían decir lo mismo. Debía de pensar que una tiene suerte si el tipo en cuestión no te toca, ni te retiene ni te acorrala y solo se limita a crearte una relación traumática de por vida con los payasos.

En este punto, el cien por cien de los hombres que conozco —el cien por cien, sí, denunciadme— no se darán por aludidos con esta historia, no espero que lo hagan, pero sí que traten de imaginar hasta qué punto nuestra experiencia del mundo, la de las mujeres, es diferente y actúen en consecuencia. Tíos sensibles y cívicos, solo os pido empatía. También se la pido a la mujer conservadora de la tele, otras no pueden ir al circo con tanta tranquilidad como usted, ¿sabe? En un momento dado de nuestra conversación, ella mencionó el «victimismo» en el que afirmaba que había caído el feminismo actual. Otro clásico. Si callas respecto al abuso, eres cómplice. Si denuncias, además de ser víctima, te lo estás haciendo. ¿Por qué hablar de si somos victimistas o no en lugar de transformar, con educación, como sea, los comportamientos de los hombres que nos obligan a hacernos esa pregunta? Quizá a la mujer conservadora no, pero a mí me pone nerviosa desvictimizar a una niña de ocho años a la que un vecino acorrala en el ascensor. No todas somos frágiles florecillas, ni estamos en situaciones vulnerables, pero no se pueden usar las excepciones para camuflar un problema que tiene que ver con inercias de comportamiento de una parte de la población sobre la otra.

La manera de experimentar el espacio público que tienen los hombres y las mujeres es distinta. Si no la analizamos, si seguimos entendiendo las cosas que nos suceden a tantas como ventiscas fortuitas, si pensamos que el simple cuestionamiento de lo de siempre es puritano, opresivo y va a instaurar un estado del terror que nos va a convertir en robots, no llegaremos a ninguna parte. Si pongo en la balanza esta normalidad y la que queremos conseguir, prefiero arriesgarme a luchar por un mundo gris y aburrido en el que ningún tipo disfrazado de payaso te enseña la polla.

CREADORAS Y CREADAS

12
El test de Bechdel y el test de Batman

Imagínate que todos los personajes masculinos de las películas y las series fueran diferentes versiones de Homer Simpson, Jason Bourne o el vampiro Edward Cullen. No sé si eres un hombre o un adolescente; si no lo eres, imagina que lo eres. Tienes ambiciones, inquietudes, sentimientos, te plantas delante de una pantalla y, como todo ser humano estándar, buscas fantasear, sufrir, empatizar e identificarte con alguno de los personajes, pero tus opciones son esas tres. Ya está. O bien padres de familia, blancos y alcohólicos funcionales con la inteligencia emocional de un saco de piedras, como Homer; o bien psicópatas armados que hacen explotar cosas y persiguen, o son perseguidos, en vehículos a motor, como Jason Bourne; o bien cursis con un gesto perpetuo de «estoy triste, fóllame», como el vampiro interpretado por Robert Pattinson en la saga *Crepúsculo*. Nada más, solo esas tres variantes, para todo.

Sigue imaginando y no pierdas de vista que eres un tío. Imagina que los hombres son tan irrelevantes en las historias que te cuentan el cine y las series televisivas que estos tres clichés unidimensionales son suficientes y se los va distribuyendo como comodines. Funcionan como elementos de relleno en un universo de personajes femeninos variados, complejos y verosímiles. Solo son satélites. Valen para cubrir los huecos del argumento reservados para las escenas en las que hay que degollar a alguien, practicar sexo heterosexual, tener una pelea callejera, pagar la cena, celebrar los goles o prender fuego a los pedos para animar una velada.

La ficción es importante porque a la vez refleja nuestra visión del mundo y la conforma. Consumir historias significa ponerse delante de un espejo y, en el caso de las mujeres, ese ha sido un espejo de feria que nos ha devuelto una imagen distorsionada, esquemática y reducida; un espejo que en lugar de multiplicar, resta. Para tratar de invertir el esquema te he puesto delante tres caricaturas de lo masculino con las que dudo que muchos hombres se sientan del todo cómodos. Los estereotipos femeninos repetidos hasta la náusea en series y películas responden a más de tres tipologías, pero tampoco muchas más.

Estamos tan acostumbradas a estos estereotipos que podemos hacer una velada de cine clásico para ver, por ejemplo, *Mogambo* (1953) y que nos siga pareciendo verosímil que dos megadiosas de la belleza como Ava Gardner y Grace Kelly se peleen por Clark Gable, un señor muy carismático, de acuerdo, pero ya cincuentón y con cara de sillón orejero. En este punto no voy a hablar directamente de las películas de Woody Allen porque no quisiera que os llevarais la impresión de que soy una persona superficial, maleducada y llena de ira, así que lo que quiero decir, lo diré de esta otra manera: cuando una directora y guionista calva, con escoliosis, en el infrapeso y con un millón y medio de dioptrías en cada ojo protagonice sus propias películas durante cincuenta años y nadie vea nada extraño en el hecho de que, en cada una de esas películas, un tío bueno distinto —treinta años menor— se enamora de ella por sus neurosis; en ese momento, cuando llegue ese día, entonces y solo entonces, la ficción empezará a estar en paz con las mujeres.

El cliché de la chica despampanante rendida ante el señor decrépito y otros tópicos parecidos han acabado siendo creíbles a base de repetirse, pero a la luz del feminismo resalta la parcialidad y el absurdo. Nos parece que hay varias reglas no escritas para presentar a las mujeres en pantalla. Allá van algunas:

- Las actrices siempre tienen que tener diez años menos de los que tendría su personaje. Si por ejemplo el papel es el de la madre de Robert Pattinson —él tiene treinta y dos y aparenta veintiocho—, una actriz de treinta y cinco con chaqueta de punto y collar de perlas será perfecta.
- La regla de los diez años es aplicable a todos los casos excepto a las adaptaciones de *Lolita*. Si vas a decir que la perversa depredadora sexual adolescente tiene trece años, busca a una actriz de veintidós. Sería muy perturbador estar hablando de una niña que realmente pareciera una niña. Si el personaje no llega a la edad mínima de consentimiento sexual, al menos que la aparente. El resultado será a la vez tranquilizador para la conciencia y sexy.
- Que las mujeres se duchen siempre enriquece la trama. Es imposible que los espectadores sepan nada sobre los hábitos de higiene personal de los personajes femeninos sin que estos permanezcan unos minutos bajo el agua con la boca sensualmente entreabierta.
- Las mujeres con sobrepeso no existen.

- Las mujeres más negras que Beyoncé tampoco existen. ¿Qué quieres decir con Lupita Nyongo? Lo que dices es muy raro, ¿quieres un vaso de agua?
- Un personaje femenino siempre tiene que estar implicado en alguna trama romántica. Básicamente están para eso, para recibir malas noticas por teléfono y para las escenas en las que hay que salir de un probador con diferentes *looks* y reírse sin sentido mientras suena música pop.
- En serio, tienen que enamorarse o querer enamorarse, o bien que alguien se enamore de ellas. En casos muy extremos, qué sé yo, la historia de una mujer que cruza sola el Atlántico en velero o de una entomóloga investigando sola en el Amazonas, recurre a los *flashbacks* o sugiere cierta tensión sexual con cualquier ser vivo u objeto a mano, un bote salvavidas, un timón, una merluza, lo que sea, pero no la dejes sola.
- La ropa es muy importante.
- Comisarias, juezas, fiscales, políticas o periodistas solo resultan creíbles si llevan constantemente americanas con hombreras de corte masculino. Es la única manera de dar cierta sensación de autoridad, esa o quizá colocarles unos pequeños bigotitos postizos, pero eso taparía sus bonitas caras de concentración cuando examinan la escena del crimen.
- Las opciones para las heroínas de acción son monos de licra o camisetas blancas de tirantes muy escotadas, muy sucias y eventualmente mojadas.
- Es importante que las armaduras de las superheroínas dejen al descubierto las piernas el vientre y la zona del escote, porque ¿qué probabilidades hay de recibir disparos o puñaladas en las zonas sexis?

- Las mujeres están más cómodas con tacones que sin ellos, también en las escenas de acción. Sobre todo en las escenas de acción.
- Todas las mujeres inteligentes son malvadas excepto Hermione Granger de *Harry Potter*. Las mujeres inteligentes son criaturas de Satanás.
- Las grandes historias de amor requieren gestos impulsivos que despierten la emoción en el espectador, como, por ejemplo, averiguar los bares que frecuenta la chica, presentarse en su casa por sorpresa, hablar con su jefe para conseguirle unas vacaciones que no ha pedido, enviarle mensajes y paquetes anónimos o merodear a su alrededor de noche en un coche con las lunas tintadas. La mayor fuente de inspiración para las mejores escenas románticas es el Código Penal.

¿Por qué estamos mal y poco representadas? Sorpresa: porque los hombres también dominan el discurso audiovisual. Ahí van algunas cifras de esas que tanto me gustan. En España, solo un 16 por ciento de las películas estrenadas en 2016 estuvieron dirigidas por mujeres; en 2017, esta cifra cayó hasta el 7 por ciento[26]. De este mínimo porcentaje salió la película que llevamos a los Oscar en 2017, *Verano 1993*, de Carla Simón. Sorprende tanta calidad dentro de tan poca cantidad.

No hay barreras explícitas y tangibles que impidan a las mujeres ser directoras o guionistas a estas alturas de la película,

[26] *Véase* el Informe de CIMA (Asociación de Mujeres Cineastas y de Medios Audiovisuales): «La representatividad de las mujeres en el sector cinematográfico español 2017» (en línea: *https://cimamujerescineastas.es/wp-content/uploads/2018/10/INFORME-ANUAL-CIMA-2017-4.pdf*).

nunca mejor dicho, deberíamos ir teniendo claro que no hacen falta. La tradición y la inercia, en esto como en tantas otras cosas, juegan en nuestra contra. En la industria del cine, apostar por un proyecto implica poner en juego grandes cantidades de tiempo y dinero; para arriesgar lo mínimo, lo lógico es no abandonar los referentes comunes: historias contadas por hombres que presentan lo masculino como importante y universal, y lo femenino como secundario y accesorio. Entre 2011 y 2013, el presupuesto medio para películas dirigidas por un hombre fue de 2.300.000 euros, mientras que la media para proyectos con una mujer al frente fue de 931.000. Son más, disponen de más medios porque su trabajo goza de mayor confianza y rara vez los dedican a contar historias en las que los personajes femeninos sean los centrales.

Ellos han tenido todo a su favor para contarnos el mundo a su manera, para relatarnos incluso a nosotras mismas; y esto tiene consecuencias en todos los aspectos de nuestra vida, incluso en la cama.

Follas tan mal por culpa del cine sexista

La cultura dominante, la más visible y audible, se ha creado alrededor de los hombres, de su imaginario y de sus experiencias. Nosotras no hemos tenido otro remedio que hacer un poco de picaresca de la identificación y tomar como referentes a Superman o Tarzán a falta de Superwoman o Tarzana, no nos quedaba otra. Pero algunas experiencias no son tan fácilmente intercambiables, no te las puedes apropiar así como así. Cuando se toca esta frontera, representar la realidad como la ve solo la mitad de la población, puede tener consecuencias desastrosas.

Las mujeres queremos enamorarnos a toda costa, las madres lo son por encima de cualquier otro aspecto de su personalidad, las mujeres se dividen en Lolitas salidas, novias/esposas encantadoras, perturbadas aterradoras o perturbadas atractivas... Hay muchos estereotipos irritantes repetidos machaconamente en el cine y la televisión que acaban filtrando ideas reduccionistas y distorsionadas en nuestros comportamientos, pero solo me voy a extender con uno, uno de los más nocivos, uno de los que menos se señalan, un asesino silencioso: sexo es igual a penetración.

En la inmensa mayoría de las escenas de sexo heterosexual la interacción consiste en un hombre y una mujer tratándose mutuamente como un martillo hidráulico trata las obras de remodelación de la Gran Vía. La velocidad y el contacto visual indican el grado de implicación emocional y consentimiento de los participantes. Existe un detallito que se ha pasado por alto cada vez que el sexo aparece en pantalla, cierto tema que ni siquiera se insinúa: las mujeres disponemos de un órgano en nuestro aparato genital llamado «clítoris», que existe solo para proporcionar placer. Requiere un tipo de estimulación muy específica, pero el cine la obvia para mostrarnos una y otra vez a mujeres enloquecidas de puro éxtasis con coitos no muy diferentes a los de los leones en los documentales de la sabana africana. No solo es el porno la maquinaria que extiende la idea de que lo que a todo el mundo le gusta en la cama es lo que les gusta a los hombres.

La ficción centrada en los hombres tiene parte de la culpa de que la gente folle peor, así de importante es. El placer de las mujeres no es algo misterioso y complicado, lo que sucede es que está poco documentado. Es más fácil ver una escena de sexo en la que el protagonista participa en un tiroteo mientras sigue en plena faena con Monica Belluci, que se agarra a él como un koala y acaba incluso teniendo un orgasmo (*Shoot'em up*, 2007), que una escena en la que alguien trate a un clítoris como se merece. El sexo en el cine es falocéntrico (recuerda pedir un deseo cada vez que leas la palabra «falocéntrico» en un libro de teoría feminista); y esa desastrosa comunicación sobre nuestra anatomía en las pelis es nefasta para la gestión de las relaciones en el mundo real. Hay pocas referencias sobre esta vía de estimulación y las que hay tienen que ver con la masturbación manual: *Fleabag* (2016), *Orange is the new black* (2013), *Girls* (2012), *Secretary* (2004) o *La forma del agua* (2017) son algunos ejemplos; o con vibradores, como en *Sexo en Nueva York* (1998), *No es otra estúpida película americana* (2001) o *Broad city* (2014); estas últimas suelen usarse como recurso cómico. El mensaje es claro: recurre a la autogestión, hermana. Si quieres atender tu principal órgano de placer como es debido, vas a tener que hacerlo tú misma.

El protagonismo del placer masculino ha sido una de las cruzadas de la crítica de cine y militante feminista Pilar Aguilar. Siendo muy joven y ya muy combativa, Pilar se fue a París huyendo del franquismo, allí descubrió el feminismo y se volvió aún más combativa. En libros, artículos y redes sociales Pilar ha hablado sobre temas como la violencia contra las mujeres en el cine, los modelos de mujer y sus funciones en las narrativas y, por supuesto, el sexo. Ella lleva toda una vida viendo y digiriendo películas, series y datos para devolvernos un análisis demoledor que se puede resumir así: el discurso dominante nos dice que las historias que merece la pena contar son las de los varones. En su último libro *Feminismo o barbarie*, una recopilación de artículos publicados en *Tribuna feminista*, Aguilar habla de que todo está hipersexualizado, pero entendiendo que lo que les gusta a unos es lo que le gusta a todo el mundo.

> *Lo que nos venden y publicitan como modelo de relación sexual es felación y coito. Felación y coito de cualquier manera y en cualquier posición. Ya no dicen —como antes— que las mujeres tienen que plegarse a los deseos de los varones, sino que sus deseos, los de las mujeres, son exactamente los mismos. Es decir: un señor te mete sus genitales por donde te quepan, en plan martillo pilón y ya, con eso, alcanzamos todos los cielos alcanzables. Me gustaría estar exagerando, pero no. Al decir que no exagero no afirmo que todos los varones ni todas las mujeres sean iguales, ni menos aún que todos —ni menos aún todas— sigan disciplinadamente los mandatos patriarcales. Afirmo —y de manera contundente— que este es el mensaje patriarcal repetido por tierra, mar y aire.*
>
> *Acabo de ver treinta y tantas series de televisión (muchas de ellas de última novedad) procedentes de los más variados lugares del mundo. El mensaje está claro: follar es lo dicho más arriba: coito (a ser posible de manera acelerada compulsiva y violenta) y felación. Tenemos que cambiar estas mentalidades, es urgente.*

Por lo general es más fácil para una mujer obtener un buen orgasmo sentándose en una lavadora durante el programa de centrifugado que con un polvo conejero de treinta segundos, nos ahorraríamos muchos experimentos fallidos si el cine reflejase esa realidad.

Mimetizarse con la manera en la que los hombres experimentan el sexo puede ser muy frustrante. Esas escenas de mujeres corriéndose como en su vida después de tres empujones encima de una mesa de oficina, que son lo que la ficción *mainstream* nos ha presentado y nos presenta como sexo genérico, canónico, sexo para todas y todos, sexo *comme il faut*, deberían circunscribirse al género de la ciencia ficción.

El test de Batman

No se puede hablar de sexismo en el cine sin mencionar el test de Bechdel. El test es popular, revelador y sigue muy vigente, se trata de una herramienta ideada por la autora de cómic Alison Bechdel en 1985. En una de sus viñetas, una mujer le dice a otra que para comprobar que en las películas existen unos mínimos aceptables de representación femenina se plantea tres preguntas: ¿hay al menos dos personajes femeninos con nombre?; ¿esos personajes hablan entre sí?; y si es así, ¿esa conversación no es sobre hombres? A través de estas tres preguntas, el test pretende poner a prueba tres puntos muy sencillos en una historia: que refleja un mundo que no solo está poblado por hombres, que no solo existen mujeres, sino que también tienen voz propia y alguna relevancia en la trama y que los temas que tratan no necesariamente hacen referencia a los hombres y, por lo tanto, no son absolutamente accesorias a ellos.

No se trata de una prueba científica, ni viene de la academia, sino de la militancia feminista y la creación literaria. Ha recibido críticas y réplicas, pero es una herramienta de reflexión muy útil. Resulta sorprendente la cantidad de películas y series que, sin ser *westerns*, ni ficciones de temática bélica o sobre mineros o monjes trapenses, no pasan el test.

Juguemos un poco con las ficciones que sí pasan el test de Bechdel, las que nos presentan el mundo como es y no como un monótono campo de nabos, y apliquémosles la prueba a la inversa. Lo he llamado «el test de Batman». No tengo nada personal en contra de Batman, me ha parecido un nombre apropiado porque ninguna de las ocho películas de la saga incluye a dos personajes femeninos relevantes que hablen entre sí de algo que no sea un hombre. Ocho películas, todas suspenden.

El test de Batman funciona igual, pero atiende a las interacciones de los personajes masculinos. ¿En *The Good Wife*, *Sufragistas*, *Vis a vis* o cualquiera de las ficciones centradas en personajes femeninos hay dos hombres con nombre que hablen entre sí de algo que no sean mujeres? La respuesta es sí, en todas. De hecho he buscado con ahínco alguna ficción *mainstream* que suspenda en el test de Batman y solo he dado con *La casa de Bernarda Alba*. No tengo ninguna objeción, de hecho celebro que ambos sexos se repartan el peso de las historias, la solución no pasa por invisibilizar a los hombres, sino por tomar conciencia del desequilibrio. El test de Batman es una prueba más de que lo universal, lo primordial, lo omnipresente es masculino. Siempre que ellos se plantan delante del espejo de la ficción, este les devuelve alguna imagen. No puede ser que cuando somos nosotras las que nos miramos, como si fuéramos vampiras, no veamos nada, la superficie brillante solo nos devuelva vacío.

Yo soy la mujer que soy a pesar de *La Sirenita*, *Pretty Woman*, *Grease,* todas las de *Indiana Jones* y el dichoso Batman, dios sabe por qué. Las chicas y jóvenes que están formando ahora sus personalidades y gustos tienen muchos espejos de feria que romper, por ejemplo, la lánguida protagonista de la saga *Crepúsculo* que antepone el amor a un tipo muerto frente a todo lo demás en su vida, o la igualmente lánguida protagonista de *50 sombras de Grey*, que hace lo mismo porque un millonario con déficit afectivo le provoca un calentón monumental. Pero ya no nos vamos a tragar el cuento de la princesa, ni el de la mamá abnegada, ni el de la puta mucho más tiempo, nos aburren. En muy pocos años se han multiplicado las historias de ficción y no ficción cuyos personajes centrales son mujeres: *El cuento de la criada*, *Big Little Lies*, *Las escalofriantes aventuras de Sabrina*, *Los juegos del hambre*, *Killing Eve*, *Ocean´s 8*, *The Good Wife*, *Vis a vis*,

Orange is the new black, *Sufragistas*, *Figuras ocultas*... Historias de tías decentes, malas, blancas, negras, heroicas, cobardes, reales, de ciencia ficción, que son poderosas o que están con la mierda hasta el cuello, historias variadas, fieles a nuestra realidad, en las que mirarse, reconocerse y vibrar.

13
Las olvidadas, las locas y el «estilo femenino»

Mi ataque de ira todavía no se había desatado por completo cuando salí de la exposición, lo llevaba sujeto como un mastín babeante, pero al reparar en el título, impreso en letras de vinilo naranja en la entrada, «Somos plenamente libres. Las mujeres artistas y el surrealismo», me empezaron a palpitar las sienes. Ahí fue cuando me planteé seriamente entrar a sangre y fuego en la tienda del Museo Picasso de Málaga a hacer justicia y vandalizar cada imán, cada camiseta y cada bolsa de tela con la frase «Somos plenamente libres» impresa. ¿Cómo que «somos plenamente libres»? ¿Encima cachondeo? La mitad de las artistas presentes en aquella exposición habían pasado épocas de su vida internadas en manicomios de mediados del siglo XX, lugares de pesadilla, precisamente por haber tenido que ganarse con sudor cada milímetro de libertad para desarrollar sus talentos.

No estaba enfadada con el museo. Por mucho que el título sonase a pitorreo después de leer las biografías de las artistas dispuestas en fila en un panel, estaba justificado por la necesidad de hacer un marketing sexy y empoderante. Supongo que con el título «Las jodieron vivas y murieron olvidadas, bueno, menos Frida Kahlo. Las mujeres artistas y el surrealismo», se habrían vendido menos imanes de nevera.

Estaba enfadada conmigo misma por haber llegado a aquel punto de mi vida con cinco años de carrera de Historia del Arte en el cuerpo sin tener ni idea de quiénes eran la mayoría de esas personas. Me sentía como dentro de uno de esos sueños en los que llegas a un examen para el que no has estudiado nada y además no llevas pantalones.

¿Por qué sabía con quién se había acostado Picasso entre 1936 y 1943 y no sabía quién era Claude Cahun? Ella experimentó con el género en los años treinta de maneras que harían sonrojarse a un *millennial*. O Germaine Dulac, que dirigió la primera película surrealista, *La coquille et le clergyman* (La concha y el reverendo), un año antes de que Buñuel realizara *Un chien andalou* (Un perro andaluz). Había visto exposiciones sobre aquel padrastro que tuvo Dalí entre mediados de enero y principios de febrero de 1954, pero jamás ninguna de la pintora e ilustradora checa Marie Čermínová, a quien le exasperaba tanto la idea de adaptarse al papel de la mujer en su época que sencillamente se inventó una solución intermedia. Se cambió el nombre por el de Toyen, que fonéticamente podía entenderse como ciudadano (*citoyen*) o ciudadana (*citoyenne*), hablaba de sí misma en masculino cuando le apetecía y se travestía también cuando le apetecía. Ellas habían llegado muy lejos antes que nadie haciendo malabares con sus talentos y su identidad, pero la gran estafa histórica del patriarcado nos las había arrebatado. Con lo bien que nos habría venido conocerlas.

El surrealismo fue un movimiento basado en la atención a lo irracional, en soltar los frenos de la imaginación y el inconsciente para crear y vivir respondiendo a los impulsos, a lo primitivo, a lo onírico, jamás a las normas. Si los hombres que navegaron por estos cauces creativos resultaban bastante subversivos, las mujeres lo eran el doble. Vivían en una sociedad expresamente diseñada para su incomodidad, para el control de sus cuerpos y la penalización de sus deseos —de todos—, creativos, emocionales, intelectuales, todos. Sufrían en sus propias carnes una inhibición mucho más extrema que la de sus colegas de movimiento. ¿Qué les iban a contar a ellas sobre represión? Fueron ollas exprés creativas a máxima presión. Donde señores surrealistas como André Breton o Max Ernst tenían que saltar vallas, señoras surrealistas como Dora Maar o Leonora Carrington tenían que demoler muros de hormigón. Si tú quieres caldo surrealista, una mujer te va a dar tres tazas. Nuestra rebelión siempre lo es por partida doble, en 1930 y hoy.

A la mitad de ellas se les fue el catamarán en algún momento de su vida. Normal. Su propia época había sido injusta con ellas, porque eran unas extraterrestres indescifrables en los años veinte y treinta. En su época no existía un casillero de genia en el que encajar así que acabaron deslizándose a otro que le quedaba cerca: el de loca.

El caso de las surrealistas, las fascinantes, las prodigiosas surrealistas, es un buen ejemplo para hablar de lo que ha pasado con la historia de las mujeres creadoras, pero también para localizar un tejemaneje más sutil. Cuando una mujer da un paso fuera de la norma, siempre debe cuidarse de no darlo demasiado largo, un ligero descuido y resbalas hasta la categoría de «loca».

Todas locas

A mí me han empujado a este casillero, pero no a empellones, sino con palmaditas de reconocimiento paternalista. Cuando he producido algo de lo que me he sentido orgullosa, un buen vídeo con las dosis justas de información y humor, un artículo sólido, bien argumentado que la gente compartía mucho (uno de esos trabajos después de los que te quedas vacía y pletórica), a veces he recibido bonitas felicitaciones en las que muy a menudo había un ingrediente extraño: «Me ha encantado esto que has hecho, QUÉ LOCA ESTÁS, TÍA»; «Me he reído mucho con tu vídeo, con ganas de ver el próximo, LOCA». Pero vamos a ver, ¿loca?, ¿por qué? ¿Sabe usted el grado de cordura necesario para sentarse a levantar un texto coherente con argumentos y datos de la nada?

Como en tantas ocasiones —el #Metoo, por ejemplo, siguió este patrón—, comentando tus miserias individuales con más mujeres, descubres que son categoría, norma, sistema y estructura. A otras compañeras periodistas, escritoras, *youtubers* serias, ilustradoras o cómicas les sucedía lo mismo en los casos en los que sus trabajos creativos contenían mínimos ingredientes de humor, intensidad, violencia o ideas políticas expresadas acaloradamente: se convertían en *locas*.

Un loco es un señor que se sube a una azotea en pololos a gritar que los alienígenas están en camino para liberarnos a todos porque las cabezas de muñecas que tiene en su habitación así se lo han ordenado. Nosotras en cambio estamos siempre caminando al bordecito mismo de la histeria. ¿Te enfadas? Estás loca. ¿Desconfías? Estás loca. ¿Tienes opiniones políticas y discutes con quienes tienen otras distintas? Radical y loca. ¿Te vas a Formentera sola? Loca y un poco puta. ¿Yoga? Loca mística. Cualquier chica corrientita y aburrida puede convertirse en una fascinante desequilibrada tiñéndose el pelo de naranja o manifestando cualquier discrepancia con su novio delante de los amigos de este.

Pero a mí el que más me preocupa es el «loca» pronunciado con admiración y un poco de incredulidad, ese tonito reservado para el público de los loros que hacen sumas. Ahí no les sale «curranta», ni «genia», ahí hay sorpresa ante una distorsión, algo que no acaba de encajar. Para hablar de nuestro ingenio, originalidad y talento estos admiradores usan una palabra referida a la inestabilidad mental. «Loca» es solo un marcador para avisarnos sutilmente de que nos estamos desplazando unos milímetros fuera del marco establecido, para señalar algo que chirría porque no acaba de ajustar.

Este desajuste tiene que ver con la imagen de genio. El hombre solitario, pendenciero, estrafalario, volátil y caprichoso para el que la familia es irrelevante ¿Qué te sale si aplicas todas esas cualidades a una mujer? Exacto, una loca. Las surrealistas perdieron la chaveta de verdad a fuerza de ninguneo y a nuestras contemporáneas, a nosotras, nos siguen avisando de que la etiqueta de «creadoras» no nos acaba de encajar. Es uno de esos avisos sutiles que da el entorno cuando empiezas a rebelarte, son advertencias que se mueven reptando en el lenguaje, en esas extrañas elecciones de vocabulario, en esa admiración algo condescendiente que se concede con el ceño fruncido. «Eres buena en lo tuyo y eres una tía. Debes de estar mal de la cabeza».

El estilo femenino, *Apocalypse Now* y el macramé

Solventado el tema de que cualquiera, si quiere, puede estar bastante loca, hablemos ahora de decapitaciones. Mira los dos cuadros que reproducimos a continuación. Representan la decapitación de Holofernes. En el *Libro de Judith* del Antiguo Testamento se relata la historia de esta honrada y valiente viuda que, ante el asedio de su ciudad por parte del general Holofernes, elige tirar por la calle de en medio, seducirle, emborracharle y cortarle la cabeza. Así es como ella decide solucionar la situación, el Antiguo Testamento no es un texto en el que abunden la diplomacia y la inteligencia emocional.

Judith y Holofernes, de Caravaggio (1599)

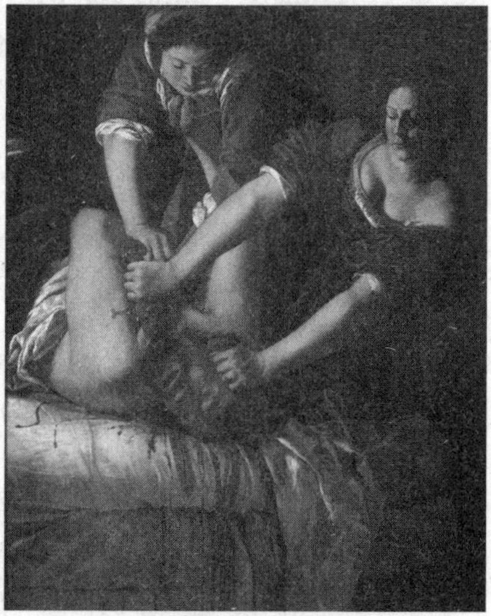

Judith decapitando a Holofernes,
de Artemisia Gentileschi (1612-1613)

El motivo de la decapitación misma, o el retrato de Judith con la cabeza del general en una bandeja, es recurrente en la Historia del Arte desde el románico hasta el siglo XX, es muy conocida la pintura de Klimt, por ejemplo, con una Judith de ojos entrecerrados, rodeada de teselas doradas. En la Biblia hay dos cortacabezas célebres: Judith es la decapitadora buena y Salomé, la que en los Evangelios le pide a Herodes la cabeza de Juan el Bautista a cambio de un *lap dance*, la mala. La de Judith es una historia bastante atípica, no solo para la tradición bíblica, sino en términos absolutos. Siguen siendo escasas las representaciones de mujeres a las que se les atribuye cierto heroísmo, no por sacrificarse, sino por tomar una iniciativa violenta. El episodio de Judith es una especie de *Kill Bill* bíblico.

Estas son dos de las representaciones más célebres del cuadro, una la pintó Caravaggio en 1599; la otra, Artemisia Gentileschi en 1613. A simple vista, sin conocer la obra de ambos artistas, ¿crees que se puede averiguar cuál fue pintada por un hombre y cuál por una mujer? Qué pregunta tan absurda, ¿no? Tal cosa es imposible. Hoy en día se sigue insistiendo en que existe un estilo, una sensibilidad y una forma de pintar, filmar, dibujar o componer inherente a la condición de mujer. Que existen temas, motivos y lenguajes más femeninos que otros. Basta con repasar las entrevistas a creadoras de cualquier campo en las que indefectiblemente se alude a que son mujeres, no solo desde el punto de vista cuantitativo, porque haya pocas en su campo, por ejemplo, sino desde el punto de vista cualitativo. La directora de cine Kathryn Bigelow es la autora de *En tierra hostil* (2009) y *La noche más oscura* (2012), dos películas bélicas. Es relevante desde el punto de vista informativo señalar que es una mujer porque hay muy pocas películas de este género dirigidas por mujeres, pero es arriesgado decir que su manera de enfocar el tema ha sido *femenina*, y esto sucede una y otra vez cuando somos nosotras las que producimos cultura. Por supuesto, el género como cualquier factor sociocultural juega un papel importante en la manera de contar las historias, pero en el caso de las creadoras se tiende a pensar que esto sucede siempre, que la condición de mujer es la fuente central de toda imaginación, toda reflexión, todo enfoque y que, además, lo es de manera innata.

Volvamos a las decapitaciones y preguntémonos aquí ¿qué características tienen los productos culturales *femeninos*? Ya contesto yo: son más pequeños, artesanales, menores, intimistas, se refieren a lo personal, lo doméstico, lo íntimo y suelen evitar la mutilación como motivo. Aunque sea muy lejano en el tiempo, me gusta usar el ejemplo de los cuadros de *Judith y Holofernes* de Gentileschi y Caravaggio por un ingrediente en particular: la representación de la violencia. Son dos artistas contemporáneos, Gentileschi seguía la obra de Caravaggio y es muy probable que, incluso, se conocieran en Roma. Ella se inspiró en el óleo del pintor, famoso en sus tiempos por ser bastante gore y no solo no lo suavizó, no lo *feminizó*, sino que se recreó en la brutalidad de la escena permitiéndose hasta unos chorros extra de sangre yugular.

Artemisia Gentileschi fue violada. Lo sé porque este dato no falta nunca en las menciones a la pintora y la obra. Ella fue violada y este cuadro fue su desahogo y su venganza, eso es lo que se dice de mil maneras distintas en todo libro, documental o artículo sobre ella, como si a esa furia y ese ensañamiento tan poco femeninos de su Judith les hiciera falta una justificación. Es muy raro que el nombre de Artemisia haya llegado hasta nuestros días, el de pintora no era un rol aceptable para una mujer, también es muy muy curioso que lo haya hecho su historia personal, resulta que ella tuvo el coraje de denunciar a su agresor. Lo que no es excepcional, por desgracia ni en el Barroco ni ayer, es lo que le pasó. La violencia está constantemente presente en la vida de las mujeres y, aun así, los estilos y modos de expresión supuestamente femeninos son pacíficos.

La vida de Caravaggio tampoco fue un paseo al atardecer. El pintor tenía fama de puñalada fácil y, en un momento dado, tuvo que exiliarse de la ciudad porque se le fue la mano en una pelea callejera y acabó asesinando a otro hombre. Años después le pasó algo parecido en otro altercado en Nápoles. Pero nunca he escuchado decir que Caravaggio era un macarra de mucho cuidado para justificar la violencia de su *Judith y Holofernes*.

La escabechina de Artemisia Gentileschi, las pelis de guerra de Kathryn Bigelow, *Crudo*, la sangrienta película de la directora Julia Ducournau, o *Babadook*, la de terror psicológico de Jennifer Kent, las brutales piezas teatrales de la dramaturga Angelica Liddell, la novela de ciencia ficción, escrita incluso antes de que existiera el propio género, de Margaret Cavendish o las frías cajas de luz de la pionera del arte digital Lillian F. Schwartz, todas estas manifestaciones creativas chirrían con la idea de una manera de producir cultura femenina, incomodan. Están en todas partes y en todas las épocas y desafían esa convención de que hay ciertas cosas como la tecnología, el terror, la política o los aspectos más oscuros de la condición humana que no nos interesan solo por el hecho de ser mujeres.

Es cierto que hablamos más de lo pequeño, lo personal, lo emocional y lo doméstico, pero este patrón no nos viene de dentro, el camino es el opuesto. Lo que contamos es el resultado de nuestra experiencia del mundo, viene del estímulo exterior, del lugar donde hemos sido colocadas tradicionalmente y no de alguna especie de inclinación natural que empuja irremediablemente a los genios varones a hacer puentes colgantes, *Apocalypse Now* y la Capilla Sixtina; y a nosotras, macramé y novelita erótica.

Cuando las mujeres hablamos de tecnología, terror, violencia, guerra, héroes, ciencia ficción, lo hacemos desafiando los espacios y los intereses que se nos habían asignado. Lo hacemos porque, a pesar de todo, muchas hemos sido capaces de esquivar los roles tradicionales y ser fieles a nuestros talentos y, en parte, para escapar de la irrelevancia. Porque, por desgracia, por injusticia, por tradición —maldita tradición—, lo que emana de la experiencia exclusivamente femenina se ha considerado siempre menor y secundario.

No es cómo lo contamos, es lo que contamos

Por ejemplo, la maternidad. La maternidad es una experiencia universal, que nos toca a todo el mundo, que sucede en todas partes desde los albores de la humanidad. Es importante, trascendental, puede ser heroica, es el vínculo de los vínculos, además de imprescindible para la especie, mueve los peores terrores y la entrega más sublime, pero está desaparecida de la cultura. El ejemplo no es mío, es de la novelista, crítica literaria, editora y ensayista Laura Freixas. Cuando se quedó embarazada, quiso leer las grandes novelas sobre la gestación y la maternidad, pero no las encontró; solo dio con libros de autoayuda y revistas sobre patucos, estrías, pezones, potitos y peditos. Los productos culturales con el embarazo y la maternidad como tema central eran escasísimos. Hasta la madre por antonomasia, la Virgen María, tiene como seis frases en la Biblia y todas están en la línea de «Uy, qué agobio, aquí hay muy pocos panes y peces para tantos invitados».

Laura y yo nos conocimos cuando la entrevisté para un reportaje sobre el papel de la palabra en la nueva ola feminista. En nuestra primera conversación me confesó que, en realidad, la maternidad no era un tema que le interesase especialmente, pero la práctica ausencia en la cultura de algo tan importante era un ejemplo irresistible para ilustrar que la experiencia femenina, incluso si de ella depende toda vida humana, siempre importa menos.

«No se trata solo de completar la historia con nombres», me dijo Laura, «sino de tener presente que el punto de vista es distinto. Emilia Pardo Bazán habla de la violencia hacia las mujeres en muchos de sus cuentos y hasta se inventa una palabra: mujericidio. Ella refleja algo que de otro modo hubiera caído en el olvido». Por ese camino vamos también en este momento, la palabra también es nuestra. Términos que pertenecen a nuestra perspectiva del mundo como *mansplaining* o *manspreading* ya están en los medios, los libros y las conversaciones. «Lo que hace ese señor que te toca la pierna sin que tú quieras, ahora se llama acoso y toda esa serie de tareas no remuneradas que se supone que las mujeres hacemos por amor se llaman "trabajo doméstico". Nombrar estas vivencias las señala, las saca de lo individual, las politiza y las problematiza».

Laura cambió «nosotras no estamos» por «vosotros os estáis perdiendo algo». El ejemplo de la maternidad, poco y mal representada, es mucho más aplastante si se compara con la narrativa machirula por excelencia: la guerra. La guerra en sentido literal y figurado, la alianza de un grupo de señores contra otro grupo de señores, o en pos de un objetivo común, una y otra vez, desde la *Ilíada* hasta *Resacón en Las Vegas 3*, pasando por las ocho millones de novelas y películas sobre la Guerra Civil española, desde *Astérix y Obélix* hasta el *Señor de los Anillos*, saga que, por cierto, también se despeña en el test de Bechdel.

La manera de gestionar el poder y el conflicto, de jerarquizar lo que es importante y lo que no, en definitiva, de entender el mundo de los hombres se ha contado desde todos los puntos de vista posibles, mientras que la nuestra se mantenía en la sombra. Nos encontramos además ante la paradoja de que, si contamos nuestras propias historias, muy probablemente estas quedarían relegadas a un segundo plano; mientras que si nos incorporamos al gran relato, corremos el riesgo de actuar como impostoras. ¿Cuál es la solución a todo esto? Actuar a la vez en todas partes, movernos hacia el foco a la vez que intentamos torcer el foco hacia nosotras, seguir siendo unas locas al mismo tiempo que intentamos conquistar el papel de genias.

Nuestra historia no es ni más ni menos importante que la de los hombres y tampoco existe un estilo femenino que emane mágicamente de nuestra sensibilidad, existen historias de mujeres que llevan generaciones volando bajo el radar y, si no se incorporan a la cultura con mayúscula, esta se queda coja y tuerta. Quitarse de encima la idea de que el hombre cis, hetero, blanco es el centro del universo, que lo único que importa es lo que le pasa a él porque él es la medida de la humanidad, la creatividad, la razón y la autoridad nos va a costar un rato. Está siendo como dejar de fumar pero a nivel cósmico. De vez en cuando, nos traicionará la inercia y caeremos en los viejos malos hábitos, volveremos a pensar que todas esas voces que hablan de paritorios, fogones, violaciones o parvularios no importan; que cuando hablan de violencia, terror, ingeniería o monstruos, no son del todo nuestras voces porque traicionan a esos supuestos mundos femeninos. Da igual. Este es el único camino posible para darle sentido en algún momento, en alguna exposición, al título «Somos plenamente libres».

14
Lola Flores
y la corrección política

Prepárate para entrar en una zona libre de ironía. El siguiente párrafo está enfocado con la máxima seriedad y el más profundo respeto artístico y humano hacia Lola Flores.

Aquello que dijo a finales de los setenta *The New York Times* sobre ella: «No canta, no baila, no se la pierdan», es una manera muy certera de decir que su talento consistía básicamente en aturdir al público a base de puro carisma, que lo suyo se desborda por todas partes de cualquier disciplina concreta. Lola era *performer*, se comunicaba en el lenguaje universal, inclasificable y casi místico que les es propio. A día de hoy, en cualquier directo de los que circulan por YouTube, Lola te canta «La zarzamora» con esa voz pedregosa, gesticulando con sus brazos fibrosos y sus manos cuajadas de anillos de fantasía y tú la entiendes, seas un gestor de capital riesgo sueco, una pastora de cabras afgana o el empleado de una gasolinera de Xiangzhou ajeno por completo a las dinámicas del amor romántico mediterráneo. Entiendes todo porque ella se lo explica a tus mismísimas moléculas, a tu cerebro reptiliano.

Era un portento de la comunicación. Yo me pongo semanalmente sus actuaciones y entrevistas como *coaching*, contienen herramientas esenciales para manejarse en la vida poniéndole un poquito de ganas de ser auténtica, o por lo menos de no ser gris. Lola Flores, sin pretenderlo, se adelantó a un debate que hoy salpica constantemente en los ojos al feminismo, el de la corrección política. Un montón de señores tratan de extender la alarma sobre la falta de libertad de expresión solo porque ellos quieren continuar siendo racistas, machistas y homófobos sin que nadie les moleste. Qué pereza le hubiera dado todo este tema a Lola.

Con la corrección política nos están intentando hacer una filigrana rara, un juego de intercambio de papeles entre víctimas y victimarios. A las feministas, por ejemplo, nos tachan de censoras agresivas por no permitirles ejercer su agresividad y su censura sobre nosotras. Nos acusan de actuar como una especie de cuerpo de policía que revisa el grado de capacidad ofensiva de cada comentario o chiste en las redes sociales o en el mundo real. El temible feminismo, rastrea, localiza, juzga, dicta sentencia y lincha a los responsables de la ofensa. No solo somos las feministas estas inquisidoras contemporáneas, nos acompañan en la labor de vigilancia ciertas minorías y colectivos que lo son por elección, o no; desde cualquiera que no sea blanco hasta cualquiera que haya decidido ser vegano, por ejemplo. Es como si el matón del colegio fuera a quejarse amargamente a la profesora de que los niños solitarios con gafas, pluma, ortodoncias y sobrepeso están atentando contra su libertad de expresión por no permitirle pegarles chicles en el pelo como lleva haciendo desde el jardín de infancia.

¿Y qué tiene que ver Lola Flores con todo esto? Muchísimo. En el vídeo *Lola Flores y la corrección política*[27] está la clave de todo este asunto. Se trata de un documento brevísimo que se ha entendido fatal, ha circulado como un chiste porque ella le pregunta a un entrevistado si es «*hemosexual* o mariquita». El error gramatical puede ser un lapsus, aunque estoy segura de que en su cabeza estaba todo muy claro y que somos todos los demás los que estamos equivocados. Si te quedas en las formas, te pierdes que lo que está haciendo Lola es darte una lección de urbanidad para toda la vida. Ella sencillamente no sabe muy bien cómo comunicarse con la persona que tiene enfrente sin faltarle al respeto, algo bastante común en los ochenta, ahora y en el Paleolítico superior, en tu oficina y en el Parlamento Europeo. Así que con admirable humildad e inteligencia emocional admite que anda despistada: «No sé cómo *entrarte*». ¿Cuántos conflictos individuales y colectivos se resolverían mejor y más rápido si una de las partes comenzara admitiendo que no sabe muy bien cómo entrar a la otra? Hay más humanidad en estos siete segundos que en toda la historia de Twitter. Y corrección política, claro, que es el tema que nos ocupa. La corrección política es la manera de comunicarse tratando de no ofender a personas o grupos de personas que ya sufren o son oprimidos por la circunstancia que sea. Es una manera de ejercitar la empatía y garantizar la buena convivencia tratando de ponerse en el lugar de quien tienes enfrente antes de hablar.

Que este comportamiento se generalice, en principio, parece una estupenda noticia. Algunas voces que hace pocos años eran menos audibles, las de las mujeres, las de las personas

---

27 *https://www.youtube.com/watch?v=wuyx9P_YXCQ*

LGTBI, las de los gitanos, las de las personas con diversidad funcional... ahora tienen mucha capacidad de respuesta y difusión a través de colectivos, asociaciones y, sobre todo, de las redes sociales. Se han alzado para devolverles el empujón a los abusones. Son voces airadas, cansadas de estar siempre en la parte que no se ríe, en la parte que traga saliva y aprieta los puños. Son voces ofendidas con razón, pero a quienes están acostumbrados a ir por el mundo como un elefante en una cacharrería, esta indignación les parece un incordio ridículo. ¿Cómo es posible que después de generaciones tragándose la misma mierda no tengan la piel más dura? Se preguntan los defensores de la incorrección política. ¿Por dónde empiezo yo ahora a callarme lo que pienso?

Quienes se quejan de que se está atentando contra su derecho inalienable a ser unos gañanes tienen el espíritu opuesto al de Lola. No saben cómo entrar a casi nadie y les da muchísima pereza ponerse a averiguarlo. Patalean y vociferan: «Esto es una dictadura. Ya no se puede decir nada»; cuando lo que sucede en realidad es que ellos ya no pueden decir todo sin recibir respuesta.

Tienen razón en algo, pero están confundiendo el objetivo de sus iras. Es cierto que en nuestro país hay un grave problema de libertad de expresión. En España un chiste te puede mandar a la cárcel[28], esto sí se parece al tipo de cosas arbitrarias y tiránicas que suceden en las dictaduras, solo que hasta ahora esta ley se ha usado principalmente para castigar a quienes cuestio-

[28] Los músicos Valtonyc, Hasel, La Insurgencia, Strawberry y otras treinta personas desde 2016 han sido condenadas por el artículo 578 del Código Penal. *Véase: https://www.es.amnesty.org/en-que-estamos/espana/libertad-de-expresion*

nan al poder, no para salvaguardar la corrección política y proteger a los *ofendiditos*.

En defensa de la caspa

Llaman a los ofendidos «ofendiditos»; a la empatía, «corrección política» y a esos valiosísimos, hermosísimos segundos, en los que antes de hablar te pones en el lugar del otro, «autocensura». La defensa de lo políticamente incorrecto es tan feroz que cualquiera podría pensar que los comentarios y chistes racistas, machistas y homófobos están en peligro de extinción. Columnistas, escritores, humoristas, tu portero, tuiteros anónimos, los defienden como si fueran patrimonio inmaterial de la humanidad. Como si fueran el silbo gomero, una forma de comunicación ancestral que se impone rescatar del olvido. Solo hay que asomarse al abismo de los comentarios en cualquier noticia que tenga algo que ver con feminismo, inmigración o derechos LGTBI de cualquier medio digital. Si echas de menos la incorrección política, ahí sigue, pringando periódicos, redes sociales, patios de colegio, oficinas y tertulias televisivas todos los días del año.

La norma cultural aceptada sobre lo que es gracioso, aceptable y cortés, o sea, la cultura hegemónica, se está cuestionando con fuerza porque solo unos pocos habían fijado sus reglas. Esos pocos a los que ahora les indigna la indignación. La cultura hegemónica es tu tío Pelayo haciendo los mismos chistes sobre chinos y maricones en cada reunión familiar. El momento que vivimos es esa Nochebuena en la que tu prima lesbiana, una mujer hecha y derecha que va por su tercera exnovia y lleva un par de copas de verdejo por fin le manda a tomar por el culo.

El pobre tío Pelayo representa un estamento poco habituado a tratar con sensibilidades diferentes de la suya. Así que cuando gran parte de los presentes se unen a la prima lesbiana para arrugarle el morro, su confusión es máxima. Nadie le rellena la copa, la bandeja de percebes pasa de largo. Es mucho más cómodo pensar que toda esa gente ha sucumbido a la dictadura de lo políticamente correcto que hacer autocrítica. «Solo es un chiste», rezonga, «solo es humor».

Ahora voy a decir una incorrección política

Hablemos de Pelayo. Pelayo es el ser más privilegiado de la Tierra, tiene poder adquisitivo, un buen nivel cultural, cuando habla, los demás escuchan, es más hetero que Shakira y más blanco que un váter, nunca ha sido el objeto de las bromas, tiene la autoestima de un emperador chino, es un tipo afortunado, un campeón capitalista, un estándar del montón de arriba andante. Cuando los movimientos feminista o antirracista hablan del varón blanco heterosexual, es en el tío Pelayo en quien están pensando, con su corbata y su sonrisa de ganador. Y sin embargo, tiene derecho a hacer chistes ofensivos. Si él decide poner su humor al servicio de las fuerzas del mal de este mundo, de todo lo que es cruel e injusto, es su problema y tendrá que enfrentarse a las consecuencias. Defiendo la libertad de expresión, incluso de la expresión de la inmundicia retrógrada, pero defiendo muchísimo más la libertad de respuesta, la libertad de presión.

El humor, el arte y la ficción no tienen por qué responder a criterios morales. En este terreno podemos hacer lo que queramos, podemos hacer chistes sobre meter niños en trituradoras o golpear a ministros con bebés de foca, aquí cabe toda brutalidad y todo absurdo. Si tratáramos de contentar a todas las sensibilidades que operan en el plano de lo real, nos paralizaríamos. Nos quedaríamos sin canciones de reguetón sobre tratar a tu novia como un felpudo, sí, y eso sería estupendo, pero también sin historias de crímenes, sin chistes sobre enfermedades venéreas, sin todos esos videoclips en los que Rihanna comete asesinatos, robos y ajustes de cuentas. Viviríamos en un mundo dominado por Peppa Pig y su espeluznante familia.

Expresarse es exponerse a recibir una respuesta. Caminar por una cuerda haciendo equilibrios entre no aburrir y no ofender; entre remover conciencias y sentimientos, y juguetear un poco con la infamia y la exageración tratando de escocer sin abrasar. El público siempre ha sido el mismo, solo que es ahora cuando empieza a tirar tomates. Se llama *feedback*. Se parece mucho a la selección natural. Los indignados por la indignación tendrán que acostumbrarse a soltar sus ideas y que las sensibilidades de ahí fuera las reciban como la sabana africana recibe a una gacela. Si tu chiste cojea, si se inclina demasiado hacia el agravio, si se mofa de una realidad brutal, la de la violencia de género, por ejemplo, será devorado.

Cada cual debe elegir si usa sus capacidades creativas y toda esa manga ancha para aportar algo digno al mundo o para ser cutre y cruel. Porque el humor es libre, pero a veces duele. Hay que procurar no apuntar hacia quienes ya están heridos. Quienes lo hacen son conscientes, pero les puede la incontinencia; así que igualmente se lanzan a decir lo que quieren decir, pero avisan: «Lo que voy a decir es políticamente incorrecto». Alerta *spoiler*: lo que viene a continuación no te va a hacer estallar la cabeza de pura fascinación, limítate a abrir el paraguas porque se avecina tormenta de caspa.

El reino del terror

Ahora tenemos que hablar de una subcategoría que me apasiona, la de los mártires de la incorrección política. Los identifiqué en mis redes sociales durante las jornadas del juicio por el caso de La Manada y me tienen obsesionada. Son los que se leyeron la sentencia de la primera a la última página para sacarle punta al comportamiento de la víctima, los que hablan sin parar de esa rareza estadística que son las denuncias falsas por violencia de género, los que en pleno #Metoo apuntaban que hay muchas que utilizan el sexo como moneda de cambio; en fin, esos tíos. Son los que buscan grises y matices en el mal para contravenir un supuesto *pensamiento único* terrorífico, orwelliano, que no les afecta en nada ni les impide hacer nada ni se materializa en ningún aspecto de su vida, pero que a ellos les tiene preocupadísimos. Los políticamente incorrectos han estirado el significado de conceptos como «linchamiento», «puritanismo», «pensamiento único» o «dictadura». Me imagino a Hitler, Pol Pot y Obiang nerviosos tratando por todos los medios evitar sentarse al lado de la Corrección Política en una cena de dictadores. «Eh, Idi Amin, no hagas contacto visual con ella, es la peor de todos». Son los que hacen de abogados del diablo, como si el diablo necesitase más abogados de los que tiene. «Voy a hacer de abogado del diablo» es otra introducción clásica a la caspa y las cavernas.

Los mártires de la incorrección política están convencidos de que muchos otros están pensando lo que solo ellos se atreven a expresar. Se creen Braveheart o Martin Luther King por ir contracorriente y lanzar sin pudor opiniones impopulares y minoritarias. No, quinientos tuits poniéndote de vuelta y media no te convierten en héroe; ni tu opinión en subversiva, ni a quien te lleva la contraria, en horda. A lo mejor esa opinión tuya a la que le están sacando las tripas es impopular y minoritaria porque eres un machista. Míratelo. Quizá esa opinión ni siquiera es minoritaria, sino un intento de defender la estructura predominante que con mucho esfuerzo empezamos a resquebrajar.

Es refrescante y liberador decirle por fin al tío Pelayo que es un grosero, un carcamal triste, aburrido y violento con la empatía de un destornillador. Decirle que es descorazonador que use su valiosa libertad de expresión para profundizar en heridas que ya están suficientemente abiertas. Ay, tío Pelayo, la corrección política repara y protege mucho más de lo que condena. Nos ayuda a tratarnos entre nosotros cuando no sabemos «cómo entrarnos» mutuamente, a no atravesar el mundo y a las personas que lo habitan como si fuéramos misiles tierra-tierra emocionales. Te protege incluso a ti, tío Pelayo, de que ningún miembro de la familia haya mencionado que empiezas a tener más pelo en las orejas que un schnauzer.

COSAS QUE PARECEN FEMINISTAS PERO NO LO SON

15
Las mujeres somos mágicas

Las mujeres están locas si pretenden ser iguales a los hombres. Son bastante superiores y siempre lo han sido. Cualquier cosa que le des a una mujer, ella lo hará mejor. Si le das tu semilla, te dará un hijo. Si le das una casa, te dará un hogar. Si le das alimentos, te dará una comida. La mujer engrandece y multiplica cualquier cosa que le des.

Esta cita, supuestamente de William Golding —autor de *El señor de las moscas* y premio Nobel de Literatura—, circuló bastante por WhatsApp y redes sociales durante los días 8 de marzo de 2017 y 2018. Vamos a hablar de por qué esto es algo muy preocupante. Resulta cargante, pero no escandaloso, que cuando habla de cosas que le puedes dar a una mujer solo se refiera a semen, labores domésticas y comida. No dice: «Si le das una beca, sacará un MBA», tampoco dice «Si le das un edificio en el centro de Madrid y un préstamo bancario, hará un hostal muy rentable», ni «Si le das el consejo de administración de la televisión pública, te dará contenidos veraces y contrastados y una programación cultural excelente». No. No dice nada de esto.

Por fortuna, la cita está maquetada en color sepia junto a una foto en blanco y negro de un señor mayor con el pelo blanco y un estilismo muy siglo XX. Incluso para aquellos que no estén familiarizados con la figura del nobel será evidente que la cita viene de una voz del pasado.

No es preocupante que, en su contexto y su tiempo, Golding dijera esto, que tampoco lo dijo... La cita es falsa. Lo que de verdad es espeluznante es que en 2018 apenas nadie le encuentre nada raro a esta cita; sea de un escritor con un amplio currículum machista o del pato Donald. Lo que da ganas de gritar y salir corriendo es que habiendo llegado gracias al desarrollo tecnológico a tener unos prodigiosos aparatitos que nos dan acceso a todo el conocimiento humano, decidamos compartir precisamente un mensaje así.

Hay un carácter común a esta y otras frases pretendidamente feministas que inundan nuestras pantallas cada 8 de marzo: nos dan unas inquietantes palmaditas por ser extraordinarias, pero por unas razones muy concretas. ¿Por sacar el máximo rédito a los microcréditos en países en vías de desarrollo? No. ¿Quizá porque cometemos menos delitos violentos? Tampoco. Siempre se centran en lo estupendo que es que seamos empáticas, mimosas, intuitivas y, sobre todo, que nos ocupemos gratis de hacer bebés y croquetas *porque queremos*. Son ejemplos de esa cultura que alaba nuestra capacidad de sacrificio y abnegación por amor en lugar de cuestionarla.

En España las mujeres dedican casi el doble de horas a la semana al trabajo no remunerado (26,5 horas a la semana frente a las 14 de los hombres). Este trabajo incluye todas esas actividades invisibilizadas sobre las que se sustenta gran parte de nuestro bienestar físico y psicológico, nuestro equilibrio emocional, buena salud, civismo, educación desde que nacemos hasta que morimos. Son las mujeres las que dedican el doble de tiempo al día a suministrar antibióticos a los niños, ayudarles a hacer los deberes, insistirles para que den los buenos días al vecino, se sienten bien, dejen salir antes de entrar, no hablen con extraños, coman con la boca cerrada. Las que acompañan al abuelo durante su colonoscopia o le bañan o le sostienen del brazo mientras da su paseo por la tarde. El doble de tiempo, 26,5 horas semanales, casi una jornada laboral a tiempo parcial, dedicada a la alimentación, la higiene, la educación, la preocupación. Porque, como hemos visto en el capítulo «El machismo también es culpa tuya», encargarse de todas estas tareas también supone una enorme carga mental y una constante y desquiciante sensación de responsabilidad. Aún sigue muy vigente ese «me ayuda en casa» referido a los hombres que sencillamente comparten las tareas domésticas. Trabajamos más sin cobrar que los hombres en todos los supuestos, en todas las situaciones vitales y a todas las edades, según el INE. Las cifras solo se acercan en un supuesto: cuando no tenemos pareja; en este caso las mujeres dedicamos 13 horas al trabajo no remunerado frente a las 11 que dedican los hombres. Lo que nos revela este dato es que todas estas actividades extralaborales son siempre las mismas, pero cuando hay una mujer cerca para hacerlas, en el doble de ocasiones le tocará a ella. La catedrática de Sociología María Ángeles Durán dice en su estudio «La riqueza del cuidado», publicado por la Universidad de Valencia, que estas labores supondrían el equivalente a 28 millones de puestos de trabajo a tiempo completo. Es decir, una cifra que está un 30 por ciento por encima de las horas de trabajo remuneradas en España.

Los datos no son muy distintos a los de los países de nuestro entorno. En la UE en 2016, el 92 por ciento de las mujeres de 25 a 49 años (con hijos menores de 18 años) cuidaba a sus hijos diariamente, en comparación con el 68 por ciento de los hombres. Respecto a las tareas domésticas y la cocina: el 79 por ciento de las mujeres cocinaba y realizaba tareas domésticas diariamente, en comparación con el 34 por ciento de los hombres. El 44 por ciento de las mujeres y el 43 por ciento de los hombres europeos, según el Eurobarómetro del pasado noviembre, piensan que el desempeño más importante de la mujer está en casa, mientras que el del hombre consiste en aportar ingresos.

Somos lo más bello de la tierra, un regalo de los dioses, ángeles del hogar y unas pringadas de primera por lo visto también.

Estamos ante un reparto injusto de lo que a todos nos toca como seres humanos por cuestiones de supervivencia. Pero en lugar de combatirlo y señalarlo, se sigue reforzando la idea de que es *natural* con halagos rancios y cursis. ¿Cuántas veces has oído eso de «las mujeres sois capaces de hacer muchas cosas a la vez»? Se sigue insistiendo en que las mujeres somos mágicas unicornias de purpurina capaces de hacerte un osobuco con cuatro zanahorias pochas, rellenar un Excel con una mano, cambiarle la pila del sonotone al abuelo con la otra y hacer cuarenta y cinco empanadillas sin gluten para los niños con los pies. El patriarcado te dice que eres estupenda y mega especial, un ser místico, superior, de una sensibilidad muy distinta a la de los hombres. El sistema vitorea la supuesta capacidad de las mujeres, y solo de las mujeres, para la multitarea tirado en un sillón con el mando de la Play Station en la mano.

Esas ojeras son fruto del amor

Una mujer de mediana edad llega a casa abatida, en el sofá la esperan un hombre, un adolescente y un niño, los tres relajadísimos. El marido le pregunta que qué tal le ha ido la entrevista; «mal», contesta ella, «pedían referencias». Cambio a primer plano del adolescente, un heterazo guapísimo de mandíbula cuadrada que se dirige a alguien fuera de cámara para contarle que su madre no tiene referencias laborales de los últimos años porque estaba criándole a él entre otras cosas. «Tiene unas ojeras que no oculta, ella dice que son producto del amor», dice el chaval. «Por ella no me he convertido en el imbécil que podría llegar a ser. Le saca partido a todo, es un genio. Debería darle las gracias a mi padre por haberla elegido». Resulta que está en el despacho del hombre que ha rechazado el currículum de su madre. El anuncio termina con fundido a rojo y el logo de Coca-Cola.

Este otro *spot* es de la multinacional Procter & Gamble. Varias escenas se suceden en cortes muy rápidos, recogen las rutinas de tres madres en diferentes partes del mundo: lo que parece un país del norte de Europa, otro africano y un tercero del Sudeste Asiático. En un *fast forward* en el que sus actividades se van solapando a toda velocidad, se ve crecer a los tres niños mientras las madres preparan meriendas, les transportan en diferentes medios de locomoción, les duermen, les despiertan, les consuelan y les acompañan a sus entrenamientos y ponen cara de angustia en las gradas de sus competiciones. Es un anuncio para el día de la madre, así que es normal que los papás ni estén ni se les espere por cuestiones de concepto, aunque no podemos evitar pensar que si el anuncio hubiera sido para el día del padre habría mucha emotividad también, pero menos ojeras.

En el clímax, las tres criaturas, ya adultas, compiten en las Olimpiadas y les dedican sus victorias a sus madres que lloran. Tú que lo estás viendo también lloras, claro, porque con toda probabilidad tienes una madre y esa madre, incluso si no eres campeona olímpica se ha partido la espalda para que tú ahora mismo seas la persona que eres y si estás leyendo un libro sobre feminismo es que además lo ha hecho bien.

Quiero hablar de un último anuncio que se viralizó recientemente, es de la compañía de tarjetas de felicitaciones American Greetings. Una cámara oculta muestra a diversos aspirantes que hacen una falsa entrevista por Skype. Aquí de nuevo tiran de la metáfora del trabajo remunerado, como hemos visto en el de las ojeras por amor. El entrevistador enumera las características del puesto ante la incredulidad y la alarma de los entrevistados: jornada de veinticuatro horas los trescientos sesenta y cinco días del año, no solo no se libra durante los festivos, sino que el trabajo se intensifica. El puesto requiere un alto nivel de resistencia física, atención constante, habilidades negociadoras, nociones de medicina, cocina o economía. Por último les informa de que el supuesto trabajo no está remunerado. Los entrevistados no pueden creer que alguien acepte semejantes condiciones y, finalmente, el falso entrevistador les revela que en realidad hay billones de personas en el mundo que lo hacen: son las mamás. Todos los falsos entrevistados reaccionan con mucha ternura, una hasta llora, supongo que habrán eliminado las escenas de los que mandan a la mierda a American Greetings por dar falsas esperanzas estando el mercado laboral como está.

El mensaje final del anuncio es que le regales una tarjeta a tu madre. No es «cuestiona tus privilegios», ni «échale un vistacito rápido a cómo están repartidas las tareas en la sociedad en la que vives», no, es: mándale una tarjeta a tu madre. Hay unas muy bonitas con una cita de William Golding, la cita es *fake*, aunque eso da igual, tu madre no podrá leerla porque probablemente esté demasiado puesta de todos esos ansiolíticos que consume para soportar su vida. Pero mándasela de todos modos, las mamás son geniales[29].

Entre las mujeres mágicas, las más mágicas son las madres. En la publicidad el estereotipo de la madre superheroína es casi una categoría en sí mismo. Supongo que resulta útil para llegar a un *target* muy amplio porque hay un montón de gente ahí fuera que tiene madre y porque, de esas madres, un altísimo porcentaje está sobrecargada de trabajo y eso, por lo visto, de alguna forma perversa, despierta la ternura de los consumidores. Les hace sentir parte de algo más grande que ellos, una comunidad global de explotadores de madres, supongo. La madre es psicóloga, enfermera, actriz de método, escenógrafa, proctóloga, veterinaria, jueza de paz, camella, contorsionista, matarife, una alquimista en la cocina y una diputada en la cama, un desfase de ser humano. No es un ángel del hogar, es el Batman de Christopher Nolan, pero con útero funcional; ¿cómo no va a ser feminista reconocerle su labor? Pues no, es todo lo contrario. Lo que hacen estos mensajes es lo mismo que se hace con los niños cuando se les dice que son unos campeones por comerse las alcachofas cocidas del día anterior. Unas palmaditas por tragarte la mierda. Este aplauso a la mujer orquesta fija y abrillanta la idea de que las tareas que tienen que ver con el cuidado, lo afectivo, la atención a los niños, enfermos y débiles corresponden solo a una parte de la población.

Estamos rodeadas de un aparato que glorifica el agotamiento de las mujeres, la muerte por multitarea de las cuidadoras,

---

[29] *https://www.youtube.com/watch?v=uGJGQQVNqjg*
https://www.youtube.com/watch?v=YY41zMebR_Q
https://www.youtube.com/watch?v=yuU6gcbG8FI
https://www.youtube.com/watch?v=rqf25TQKwRw

sobre todo de las madres. Atender las necesidades de nuestros semejantes es algo necesario, maravilloso, satisfactorio, humano, dedicarse a otra persona para construirla desde cero y que se convierta en alguien que merezca la pena. Pero quizá habría que transmitir la idea de que las ojeras por amor están un poco mal distribuidas en lugar de reforzarla.

La llamada de la selva

Llevamos tantas décadas intentando encauzar las cosas a nuestro favor y librarnos de esta clase de estereotipos, dando dos pasos hacia delante y uno hacia atrás, que a veces flaqueamos, dudamos si no será verdad que somos obreras del amor incondicional por naturaleza, si no será verdad que hacemos todas estas cosas de las que habla el falso Golding generación tras generación sin pedir nada a cambio porque estamos hechas para hacerlo. Hay quien incluso dice haber encontrado evidencias biológicas de que todo esto es así.

Las justificaciones biológicas me ponen nerviosa. Sostener que hacemos lo que hacemos y elegimos lo que elegimos por imperativo natural, que somos unas maquinitas íntegramente dominadas por nuestras hormonas, unos primates encantadores saltando por ahí de rama en rama en un mundo sin condicionantes, sin caja rosa y caja azul sociocultural, sin Netflix, ni redes sociales, ni reguetón, ni educación sexista, ni estructuras de poder, ni teléfonos móviles llenos de citas humillantes cada 8 de marzo, me parece algo ingenuo y peligroso. Un argumento muy seductor, además, para aquellos que quieren asignarnos un papel en la sociedad a las mujeres definido principalmente por el hecho de que gestamos, parimos y amamantamos.

Veamos por ejemplo lo que dice la psicóloga y ensayista Susan Pinker, autora de algunas populares charlas TED sobre la importancia de las relaciones sociales para vivir más y mejor, y del exitoso libro *La paradoja sexual.* Ella sostiene que los condicionamientos culturales: cómo nos educan, cuál nos dicen desde la infancia que es nuestro lugar en el mundo según nuestro género, qué mensajes recibimos desde la ficción, los referentes masculinos en los que se pone el foco (ya sabes: políticos, deportistas, jefazos) y los referentes femeninos en los que se pone el foco (ya sabes: modelos, mamás de anuncio de Coca-Cola, divas del pop con braguitas de lentejuelas), en fin, todo aquello de lo que hemos hablado hasta ahora, nos definen menos que los genes y las hormonas. Que son estos factores innatos los que hacen que las mujeres tengamos mayor inclinación hacia las personas y los hombres hacia las cosas. Ella explica que incluso en los países en los que existe mayor igualdad de oportunidades, las mujeres tendemos a elegir jornadas laborales más cortas para estar con los nuestros. Viene a poner en cuestión la idea de que una igualdad de oportunidades tenga que traducirse necesariamente en igualdad de resultados. Añade que es un error tomar los valores tradicionalmente masculinos: la competitividad, el individualismo, la ambición económica, como objetivos universales, que el feminismo contemporáneo está tratando de igualar las cosas hacia el lado equivocado.

Me gusta esta última idea, estoy de acuerdo en que todas las sociedades serían más vivibles y justas si tanto hombres como mujeres cuidáramos más y trabajáramos menos, volveremos a este punto en el capítulo «La trampa del empoderamiento». Pero todo este discurso de que la biología nos coloca en nuestro lugar de manera categórica es inquietante. Sugiere que nos dejemos caer cuesta abajo hacia las tareas tradicionalmente asociadas a las mujeres, porque se nos dan mejor por naturaleza, las que hacemos por amor, las que nos reportan ramos de flores y categoría de seres místicos, perdiendo de vista que esas actividades son también las que nos alejan de los ámbitos de toma de decisiones, los espacios públicos, el poder económico y político, las que no están remuneradas o están remuneradas precariamente. Las mismas tareas de las que llevamos tratando de librarnos con uñas y dientes desde los albores del movimiento feminista porque no, no son naturalmente nuestras. Quizá si la llamada de la selva fuera tan fuerte como algunos dicen, las mujeres no nos habríamos incorporado a todos los sectores cuando las condiciones nos lo facilitaban y también cuando no, remando contracorriente, contra las convenciones sociales, los roles de género, los mensajes machacones de toda la sociedad, de todas las sociedades para que nos quedáramos en los lugares que se nos habían asignado.

Como dice la escritora y académica Silvia Federici, una de las mentes más afiladas del feminismo: «Lo poco natural que es ser ama de casa se demuestra mediante el hecho de que requiere al menos veinte años de socialización y entrenamiento día a día, dirigido por una madre no remunerada, preparar a una mujer para este rol»[30]. Ella lleva toda su vida analizando y teorizando el hecho de que el sistema en el que vivimos se sostiene sobre una enorme cantidad de trabajo invisible y gratuito que, en su mayoría, realizan las mujeres cuya principal remuneración es todo este aparato de reconocimientos ñoños, de frases motivacionales, de anuncios para la mejor mamá, de flores, chucherías y parafernalia rosa de premio de consolación cada 8 de marzo, que nos alejan de la igualdad efectiva.

---

[30] *Véase*: Federici, Silvia. *Revolución en punto cero. Trabajo doméstico, reproducción y luchas feministas.* Madrid: Traficantes de sueños, 2013.

Nosotras estamos en las estaciones espaciales y los parlamentos, pero va a ser complicado seguir avanzando en buenas condiciones si ellos no empiezan a estar de verdad junto a la cama de los ancianos y en las salas de espera de urgencias con los niños en horario de oficina. ¿Qué tal si empezamos a repartir la magia?

No es nada feminista colocarnos en una posición superior, decir que somos extraordinarias, que nos corre purpurina de amor por las venas, que somos operarias del bienestar de los demás porque implica aceptar y agradecer una carga extra de trabajo como si fuera una inclinación natural en lugar de desmontarla de una vez por todas y empezar a repartir. Eh, chata, eres fabulosa, algo superior, en serio súbete al pedestal y, ya que estás ahí, pasa la mopa. Las mujeres no tenemos la exclusiva de la empatía, la abnegación y el sacrificio por los demás. Las tareas que nos hacen más dignas de alabanza, más mágicas, más cuidadoras de la humanidad, más merecedoras de toda la basura cursi de Internet son a la vez las más invisibles y precarias.

El feminismo reclama y va conquistando paridad en el poder, en la vida pública, pero este enorme esfuerzo convive con eslóganes anticuados sobre las cualidades especiales y únicas de las mujeres para el cuidado familiar y las tareas domésticas. Ha llegado la hora de repartir la magia y la mística: los hombres tienen derecho a sus anuncios lacrimógenos y sus ojeras por amor.

16
La trampa del empoderamiento

Nos hemos empoderado. Ahora somos todas Juana de Arco, Xena la princesa guerrera, Margaret Thatcher con uñas de gel, Agustina de Aragón con *smartphone*. Nos hemos empoderado tanto que en estos momentos en España hay más ministras que gente normal. Bravo. Mi generación y la siguiente se ha tragado la lata de espinacas de Popeye o un montón de drogas excitantes. Estamos en medio de un *sprint* frenético de reclamaciones. Reclamamos la calle de noche, la dignidad, la voz, nuestra historia, nuestros relatos, nuestras normas, nuestros propios cuerpos. Lo queremos todo y lo queremos ya porque hemos esperado demasiado. Andamos haciendo terapia de grupo con todas las mujeres del mundo a través de *hashtags* para sacar los traumas al aire y reajustar la autoestima juntas. No consentimos que se nos arrebate a una más, no queremos ser ni una menos. Somos como estudiantes saliendo a desfogarse después de una eterna época de exámenes. Estamos preparadas, orgullosas, queremos demostrar lo que hemos aprendido y sobre todo queremos ser libres, cuestionar todas y cada una de las imposiciones bajo las que hemos vivido.

Definitivamente nos hemos empoderado o por lo menos estamos en ello, pero el concepto me sigue poniendo nerviosa, lo he mencionado mucho en este libro y ha llegado el momento de meterme en faena. A primera vista parece algo bueno, una invitación para tomar el mando, o para valorarnos a nosotras mismas y sentirnos bien, aunque no respondamos a los estándares exigidos. Pero paradójicamente el imperativo de empoderarse a cualquier precio se ha convertido en un estándar más. Tiene dos caras: por un lado, es una especie de estado alterado de la conciencia que te invita a sentirte la reina de las Amazonas por quejarte en Twitter de que una cadena textil no tiene la talla 46; y por otro, te tiene en permanente estado de presión. Me preocupa que empoderarte no te libere de ninguna de todas esas imposiciones causantes de las ojeras por amor, sino que simplemente sea una piedra más en la mochila de extenuantes instrucciones para ser mujer. Pero lo que más me preocupa del empoderamiento es que escucho muy poco su primera persona del plural: empoderémonos. Es una palabra complicadísima, muy poco sexy, nada comercial, quizá porque el empoderamiento tiene que ver con el individualismo.

Oferta: si te llevas una camiseta feminista, te regalamos un lápiz de ojos feminista

«Empoderémonos» difícilmente cabe impreso en una camiseta y vivimos un momento en el que el feminismo es a la vez revolución y mercancía. Desde hace unos años veo las cosas más insospechadas siendo etiquetadas como feministas y promocionadas con un tono épico. Como si atreverte a llevar una barra de labios permanente rojo cereza te convirtiera en Clara Campoamor. ¡Prueba nuestro nuevo *eyeliner* líquido! ¡Es más resistente que una sufragista inglesa! Muchas marcas, sobre todo de moda y belleza, se han apropiado de la lucha feminista como argumento de venta. Donde hace poco el reclamo era que estarás más sexy y serás más deseable con este tinte de pelo que cubre perfectamente las canas o aquel sujetador de encaje, ahora es que serás más poderosa. Eres estupenda tal y como eres siempre y cuando consumas lo que tienes que consumir. No puedo evitar desconfiar de quien me dice que ame y acepte mi celulitis si lo hace para venderme algo.

El capitalismo lo engulle todo, es capaz de engullir hasta a sus enemigos, convirtiendo los mensajes que lo cuestionan en *souvenirs*. Si los mecanismos capitalistas detectan una preocupación por el avance insostenible de nuestra manera de consumir y producir, automáticamente se pondrán a comercializar caretas de Anonymous y camisetas con mensajes ecologistas.

El caso de las marcas que usan argumentos feministas es un poco más complicado por contradictorio. Por un lado, se apropian de lemas como «no es no» o «todo el mundo debería ser feminista», los empaquetan y los despachan para hacer caja. En el otro lado están las chicas que se limitan a comprar estos productos como si fueran mágicas capas empoderadoras *made in* Bangladesh y se echan tranquilamente a dormir seguras de haber hecho el acto feminista del día porque un tipo torció el gesto al ver un «Girl Power» impreso en su pechera. Por otro lado, colocar el mensaje ahí donde todo el mundo puede verlo, en campañas mundiales, en el Instagram de Rihanna, en latas de refresco, puede acabar siendo un caballo de Troya. No solo el mensaje, también la imagen. La imagen de las mujeres distribuida por la publicidad es parte del problema. Una chica ideal e irreal, siempre joven, blanca, delgada, una Barbie imposible de proporciones inalcanzables. A fuerza de feminismo, las marcas no han tenido más remedio que relajar los estándares, sin pasarse, claro. Si una firma presume de hacer una publicidad diversa normalmente ofrecerá un Pantone de supermodelos: medidas calcadas y colores distintos. Si una revista saca en su portada a una mujer de talla grande, será porque tiene una melena sedosa, labios carnosos, pestañas infinitas, una cara normativamente bella. Siempre encajan en el molde por alguna parte.

La diversidad y el *body positive* se presentan como estandarte y batalla primordial: la división entre mujeres *reales* de distinto color de piel y talla, con pelos en las axilas, y mujeres *de mentira*; el uso de unas y otras como reclamo para generar ventas y menciones en prensa y redes sociales. El caso es mantener el cuerpo como tema central en todo debate alrededor de lo femenino. Los cuerpos necesitan cosas sea cual sea su talla: rímel, maquinillas de afeitar, camisetas con lemas (reivindicativos a ser posible).

Las campañas empoderadoras y diversas parten de una premisa distinta que superficialmente parece muy refrescante, para llegar al mismo punto: compra para que te quieran, compra para merecer la pena, compra para ser feminista. La industria de la moda y la belleza está reivindicándose como solución de un problema que ella misma ha creado. Y es un cambio cosmético. Cada vez que veas una campaña inclusiva pregúntate cómo son las condiciones laborales de las personas que trabajan en esa marca. El camino hacia el cambio está por esa vía que no te muestran en las marquesinas.

¿Y qué puede tener todo este chiringuito de bueno? Pues que aunque sea por las razones equivocadas, estas imágenes y estos mensajes están en las calles. Tengo la esperanza de que al menos una de cada mil chicas que lee en una camiseta «No estoy aceptando las cosas que no puedo cambiar, estoy cambiando las cosas que no puedo aceptar», se interese por saber quién es Angela Davis, acabe leyendo *Neoliberalismo sexual* de Ana de Miguel o *Reacción* de Susan Faludi. Tengo la esperanza de que las que ahora sí se reconocen en las campañas sientan que al menos su realidad, nuestra realidad, empieza a imponerse a la ficción publicitaria.

El empoderamiento como trituradora

Hace unos años, coincidiendo con el momento en el que se empezaba a escuchar la palabra empoderamiento por todas partes, comencé a observar un fenómeno extraño. Se daba entre algunas mujeres de mi entorno, pero no se comentaba demasiado; se trataba como una droga nueva que consumíamos en secreto, me incluyo. Unas cuantas chicas independientes, urbanas, liberadísimas, hipermodernas y de toda opción sexual estábamos enganchadas a las cuentas de Instagram de madres perfectas. Nos estábamos chutando con instamamis mormonas que hacían disfraces caseros, con sus fotos de niños gorditos desayunando con pijamas a juego y tardes horneando magdalenas; nos estábamos metiendo en vena sus escenas familiares de una placidez extrema, desconocida para nosotras, como si fueran cuadros vivientes de Norman Rockwell. Sabíamos que sus vidas estaban editadas para que cada día pareciera una mañana de Navidad en una película de Cukor, pero nos daba igual. Asomarse al modelo más rancio de feminidad, al ama de casa joven, siempre guapísima, con buen carácter, sin conflicto aparente, meter las narices en las cocinas de las que tanto les costó salir a nuestras madres y abuelas era una puñalada trapera para ellas, que no quisieron para nosotras el tedioso destino de amas de casa. Normal que nos diera vergüenza ese vicio inconfesable de hurgar en la vida de los ángeles del hogar. De abrazar a la mujer mágica de anuncio de refrescos que ni siquiera tenía ojeras por amor porque además iba perfectamente maquillada. Era mucho más extremo admitir que andábamos fantaseando con montar fiestas infantiles temáticas y aprender a hacer cestas de macramé que confesar que estábamos metidas en el sadomasoquismo con electrodos.

Lo hablé con todas ellas y acabé escribiendo un reportaje. Algunas de las entrevistadas eran madres, otras no, algunas eran heteros, otras no, tenían todo tipo de trabajos e inquietudes. Lo único que tenían en común es que eran mujeres empoderadas o al menos en el proceso de intentarlo. Todas andaban peleando por conciliar, cumplir sus ambiciones, ser cultas, interesantes, estar informadas, estar buenas, viajar, hacer bikram yoga. Todas andaban corriendo tras el modelo de mujer aceptable. Asunción Bernárdez, profesora en la Facultad de Periodismo de la Universidad Complutense y especialista en Feminismo y Cultura Visual, me habló entonces de la distorsión que provocan los ideales. «En mis clases hablo del efecto Simpson: papá trabaja fuera y mamá en casa con sus tres niños. Solo un 6 por ciento de los estadounidenses cumplen este modelo de familia. Hay una disociación entre el imaginario social y la realidad», me contó. Respecto a la proliferación de espacios virtuales alrededor del ama de casa de toda la vida y de nuestra atracción fatal hacia ellos me dijo que «no es extraño que surja un modelo de familia y de maternidad ideal en un momento en el que es tan complicado de alcanzar para las mujeres que trabajan fuera de casa. Es un modelo quijotesco que solo tienen a su alcance unas pocas».

No podíamos echar de menos esa vida porque nunca la habíamos tenido, lo que estábamos haciendo era asomarnos a las antípodas del modelo de mujer empoderada que se nos había vendido como perfecto y que nos estaba consumiendo. La mujer que cumple con todas sus aspiraciones profesionales, es una madre atenta, una amante imaginativa, asciende a codazos, tiene vida social, trabaja dieciséis horas al día en un edificio acristalado para llegar a casa y hacer lo mismo que hacían las mujeres en el siglo XIX pero con quinua. Mi buena amiga, la escritora y periodista Gabriela Wiener dice que a veces oye llorar a sus hijos y a veces oye llorar a su carrera. No hay mejor imagen para describir a la mujer moderna.

La tensión entre hogar y trabajo nos está fracturando tanto por dentro y por fuera que buscamos evasiones tan desesperadas como retroceder a los fogones y los pañales. Pero la verdadera reflexión es ¿por qué solo a nosotras? En un par de generaciones hemos cambiado radicalmente; ¿dónde está el cambio de los hombres? ¿Dónde está el nuevo hombre? ¿Por qué este gigantesco conflicto del que depende la sostenibilidad de nuestras vidas, de nuestras familias no les está haciendo estallar la cabeza a ellos también?

American Psycho y tu tía Angelines

En el camino del empoderamiento hemos ganado capacidad de decisión, dinero, autoestima, algunos límites adaptados a nosotras, pero también hemos sido presas de un agotamiento estructural y no hemos cambiado demasiado la raíz de las cosas. Ojeras de mamá, sobre ojeras de directiva. Quizá ha llegado la hora de cuestionar el modelo de poder que andábamos persiguiendo como pollos —en este caso gallinas— sin cabeza, el único modelo de poder disponible: el de los hombres. Como decía, el empoderamiento tiene un plural complicado porque su naturaleza es individualista. Es fantástico que una niña de un barrio obrero de cualquier parte del mundo consiga un puesto en una gran empresa por sus propios méritos y talentos, pero, como veremos en el siguiente capítulo, en el que hablaremos de las cuotas paritarias, no garantiza una mejora para nadie más que para ella. Esa niña será una jefa productiva que desafiará lo establecido dentro de un orden, una persona bastante inofensiva para el sistema.

Se fijará en el único modelo de ejercicio del poder del que dispone, el basado en la agresividad y la competitividad. Como todas, como todos, que andamos como chifladas queriendo ser como Patrick Bateman, el protagonista de *American Psycho*, la novela de Bret Easton Ellis. Un psicópata encorbatado al que solo le importa él mismo, exprimir la cultura corporativa al máximo para satisfacer sus propios deseos por equivocados que sean. Me preocupa mucho el empoderamiento que pasa por asimilarse a este ideal.

No puede ser feminista algo que va contra los derechos humanos y el capitalismo feroz va contra los derechos humanos de los trabajadores y las trabajadoras. También contra el planeta en el que vivimos. No es muy feminista que una mujer llegue a un puesto directivo de pongamos una multinacional de moda para seguir explotando a seres humanos de cualquier país, edad o género. Eso no puede ser feminista en ningún caso. El feminismo es ante todo un movimiento que atiende a un desequilibrio ancestral de los derechos humanos. Repito, humanos.

Creo sinceramente que el mundo sería un lugar más habitable si las mujeres nos inventáramos unos modos de ejercer el poder cuanto más alejados de los actuales, mejor. Yo no quiero que el montón de arriba de la humanidad que rige nuestros destinos se parezca a *American Psycho*, sinceramente preferiría que se pareciera a una abuela malcriadora o a tu tía Angelines. Ese modelo sí me interesa, sí me parece moralmente bueno, sostenible y peligroso para este orden despiadado, porque desafía la idea de éxito como acumulación de dinero y poder a toda costa. Lo realmente revolucionario sería que todos esos presidentes de bancos, dueños de multinacionales y oligarcas empezaran a estar muy preocupados por la cultura de los cuidados, el medio ambiente y el reparto justo de los recursos. En serio, imagínatelo, cursos en Harvard para altos directivos con estrategias y *coaching* para ser como tu tía Angelines. Tu tía Angelines trabaja lo justo, para consumir lo justo, el bienestar del máximo de gente posible y el tiempo con los suyos está en la cima de sus prioridades, le da igual qué coche tengas, lo que le importa es que no seas una cretina, no consentiría que otra mujer como ella fregase escaleras por una miseria porque sabe lo que es ser la última de la fila, porque ella sabe que antes del escalón que lleva hasta el poder hay muchos anteriores en los que está la supervivencia. Y es que empoderarse también es una cuestión de privilegio.

Indudablemente hay que ir a por el dinero y el poder político, no hay discusión, son los ejes de administración de este mundo, sería muy ingenuo no seguir por ese camino, pero debemos gestionarlos de una manera más humana; no podemos convertirnos en aquello contra lo que hemos luchado toda la vida. Lo menos cómodo pero más necesario es buscar el plural del verbo empoderarse. Abrir la mirada y preguntarte quién va a cuidar de tus hijos mientras tú te empoderas, cuáles son sus condiciones laborales, de dónde viene ella, porque en el 90 por ciento de los casos será otra mujer, cómo será su futuro, si estará el empoderamiento a su alcance. Esta línea de pensamiento y acción no es tan inofensiva. Remangarte y hundir las manos en cómo funciona nuestro sistema es mucho más laborioso que hacer másteres para llegar a la cima sin transformar nada por el camino.

De nuevo, demasiado trabajo, por eso es clave que los hombres nos acompañen en este cambio. Esto significa ampliar aún más el horizonte de empoderamiento y sus consecuencias, porque ahora está incompleto. La clave de la transformación hacia un mundo más habitable es que se equilibren los números de mujeres y hombres en el poder a la vez que se equilibran los números de mujeres y hombres que se reducen la jornada para cuidar del abuelo, que lloran un poco el primer día de curso al dejar a las criaturas en el colegio

El anuncio empoderante de lencería en el que salen modelos con cartucheras, te hará sentir muy bien; estas otras reflexiones no. Estos pensamientos te llevarán a terrenos menos confortables pero mucho más importantes: aquellos en los que se cambian las cosas para las mujeres, para todas, y para los hombres, para todos. El poder es un asunto muy serio, no tiene que ver con llevar una camiseta con la cara de Frida Kahlo ni con sentirte guapa aunque vayas despeinada y hayas cogido quince kilos, ni con ganar 150 euros más al mes. El poder no es un eslogan, es una realidad que aplasta, oprime, sobrecarga de trabajo, se acumula en los lugares equivocados, esclaviza y mata. Es a ese poder al que tenemos que enfocar nuestros esfuerzos y, queridas, ese no va a ser nada fácil de manejar.

17
Mujeres al peso

Quiero hablar de otra exposición, esta vez de realistas, no de surrealistas. Se celebró en el año 2016 en el Museo Nacional Thyssen-Bornemisza. Se titulaba «Realistas de Madrid» e incluía a los siguientes artistas: Amalia Avia, Francisco López, Julio López, María Moreno, Esperanza Parada, Isabel Quintanilla y Antonio López. Tuve que leer el título y los nombres tres o cuatro veces porque no creía lo que veían mis ojos. Traté de hacer memoria, no podía ser que no hubiera visto otras exposiciones con aquellas características antes, la culpa era mía que tenía el radar feminista demasiado sensible justo ese día, de ahí que la evidencia me estuviera saltando al cuello entonces, mientras que antes me había pasado desapercibida. Pensé y pensé, pero no se me vino a la cabeza ninguna manifestación cultural colectiva de ningún tipo, ni exposiciones de arte, ni festivales de música, ni de cine, ni de documentales, en la que la mayoría de los creadores participantes fueran mujeres y semejante anomalía no se mencionase en el título. Volví a leer

«Realistas de Madrid», y de nuevo los nombres: cuatro pintoras y tres pintores.

Cada vez que se da la circunstancia de que en cualquier espacio de cultura, poder u opinión hay solo mujeres o más mujeres que hombres, el título es algo igual o equivalente a «Mujeres que hacen cosas». Todo para señalar la excepción, para localizar el hecho de que ese certamen de pesca deportiva, reportaje en un suplemento cultural sobre los mejores libros del año, o feria de turismo rural, no es estándar sino *de mujeres.* Lo estándar, por supuesto, es masculino. La participación de las mujeres se marca como si fuésemos colectivo, excepción, rareza y anomalía.

Quedamos apartadas así de lo general, o por lo menos marcadas. Me gusta llamar a estos espacios piscinas de bolas para mujeres, me recuerdan a esos parques infantiles reducidos que hay en algunas cadenas de restaurantes familiares para aparcar a los críos y que se entretengan mientras los mayores hablan de sus cosas y se pillan el puntillo. Voy a seguir yendo a ciclos de conferencias sobre mujeres en el periodismo digital, pero lo que de verdad me haría inmensamente feliz es ver a más mujeres en los ciclos de conferencias sobre periodismo digital a secas hablando de su profesión como los hombres.

Porque mientras que a nosotras nos invitan a conferencias sobre *mujeres que hacen cosas* para hablar del hecho de ser mujeres en nuestras respectivas profesiones y que nos escuchen otras mujeres, ellos pueden hacer *conferenciaspreading* y hablan de sus procesos creativos sin perder ni un solo minuto en abundar en el hecho de que son hombres.

Nuestra ventana de atención es además muy limitada, se concentra en los meses de marzo y noviembre, cuando se celebran el Día de la Mujer y el Día Internacional por la Eliminación de la Violencia Contra la Mujer. Los medios se acuerdan de que existen las escritoras, las científicas y las deportistas y, de repente, hacemos un *sprint* de visibilidad que se va diluyendo durante el resto del año.

Me he pasado media vida en muchos de estos espacios acotados, jugando y conspirando en estas piscinas de bolas. Hablando y escuchando hablar a otras mujeres de arte, periodismo, política, literatura; bailando con DJ y bandas formadas por mujeres; admirando la obra de fotógrafas o escultoras. Porque, lamentablemente, aún es necesario separarnos y concentrarnos, tenemos que seguir insistiendo en que efectivamente nosotras *hacemos cosas* mientras las sigamos haciendo a trancas y barrancas, con problemas específicos, sorteando troncos en medio de la riada, maternidades incomprendidas, acoso, infantilización, prejuicios. Solo con un alto porcentaje de *nosotras* salen a flote nuestras circunstancias específicas.

¿Qué hacemos entonces? ¿Quedarnos en la piscina de bolas o tomar por asalto los espacios generales? Una vez más, la solución pasa por ser mujeres orquesta y hacerlo todo a la vez. Organizarnos, construir redes y recargar energías en los fuertes alternativos que nos hemos construido, a la vez que reclamamos la mitad de todo. Formar nuestras brigadas en las piscinas de bolas para *mujeres que hacen cosas*, hablar de feminismo ahí para luego ponerlo en práctica en todas partes, para abrirnos paso armadas hasta los dientes en el orden construido sin contar con nosotras.

Lo que me gustaba de aquella exposición es que parecía venir de un porvenir ideal en el que todo este trabajo de equilibrio ya se había culminado. Aquella exposición con cuadros de tristes vistas de una Gran Vía franquista, baños destartalados y vasos de agua iluminados por una fría luz invernal venía del futuro. Era una muestra de la pinta que tendría la cultura cuando el cambio se hubiera operado, cuando tras décadas de tira y afloja, las mujeres no solo fuéramos la mitad de la humanidad, sino la mitad de lo que importa, lo que merece la pena mostrar. «Realistas de Madrid» resumía el mundo que yo quería: uno en el que la agotadora pelea por existir ya se hubiera ganado y las mujeres hubieran irrumpido por fin en todos los ruedos como parte de la norma y no como excepción.

Contra las cuotas

Los defensores del viejo orden, dicen que cada cual debe llegar adonde le corresponde según sus propios méritos, no según su sexo; que no hay discriminación que sea positiva y que las cuotas de presencia femenina allanan el camino del poder a la incompetencia.

Pero almas de cántaro, si la discriminación positiva ha existido desde que el mundo es mundo, si las cuotas no son algo nuevo. En vuestro querido orden natural de las cosas el acceso de ciertas personas al poder independientemente de sus méritos, se llama «patriarcado». Consiste en que un grupo de personas llamadas «SEÑORES», en la convicción absoluta de que ellos están por naturaleza mejor capacitados para ejercer el poder, se han perpetuado en él. Se han aupado, apuntalado, nombrado, ascendido los unos a los otros solo por ser hombres, bloqueando el paso de mujeres a menudo mucho más capaces y brillantes. El patriarcado se ha mantenido a flote gracias a milenios de discriminación positiva y cuotas, no del cincuenta-cincuenta sino directamente del cien por cien que daba vía libre a la mediocridad más escandalosa, por pura estadística. Nos encantaría probar un poco de eso, la verdad, estamos seguras de que podemos equilibrar la cosa sin demasiada ayuda, ya lo estamos haciendo a una velocidad de vértigo.

El acceso de las mujeres a las universidades en España solo es posible desde hace poco más de cien años. En marzo de 1910 se publicó una Real Orden del Ministerio de Instrucción Pública, permitiendo por primera vez la matriculación de alumnas en todos los establecimientos docentes. Hasta entonces, las mujeres solo podían entrar en las universidades como estudiantes privadas, se requería una autorización del Consejo de Ministros para su inscripción como alumnas oficiales. Una de las impulsoras de esta ley, Concepción Arenal, estudió Derecho en la Universidad de Madrid asistiendo a las clases como oyente, usando el mismo truco gracias al que Margaret Bulkley ejerció la medicina brillantemente durante toda su vida: disfrazarse de hombre.

Hoy, las mujeres somos mayoría en las universidades y un 58 por ciento de las personas que acaban sus estudios superiores[31]. En un par de generaciones hemos pasado de tener que acceder al conocimiento con bigote postizo a ser más numerosas que los hombres en las aulas. Parece que se nos da bien la escalada. Y hablando de meritocracia, a pesar de que somos la mayoría de las personas que consiguen un título universitario, somos aplastante minoría en los lugares donde se toman las decisiones. Esto es una curiosísima anomalía estadística. Nuria

---

[31] Datos y cifras del sistema universitario español curso 2015-2016 Ministerio de Educación, Cultura y Deporte *(https://www.mecd.gob.es/dms/mecd/servicios-al-ciudadano-mecd/estadisticas/educacion/universitaria/datos-cifras/datos-y-cifras-SUE-2015-16-web-.pdf).*

Varela, autora del imprescindible *Feminismo para principiantes*[32], lo explica así:

> *El patriarcado ha mantenido a las mujeres apartadas del poder. El poder no se tiene, se ejerce: no es una esencia o una sustancia, es una red de relaciones. El poder nunca es de los individuos sino de los grupos. Desde la perspectiva del patriarcado no es otra cosa que un sistema de pactos interclasistas entre los varones. Y el espacio natural donde se realizan estos pactos es la política.*

La explicación es sencilla, les costó soltar el acceso al conocimiento, mucho más el acceso al poder. Esas puertas siguen atrancadas o entornadas para nosotras, no de manera explícita ni mediante leyes, sino mediante la perpetuación de las mismas ideas que nos mantuvieron lejos de las universidades: que los hombres son más competentes para la gestión; que nosotras debemos limitarnos a los espacios privados; que la ciencia, la tecnología, la economía u otros sectores que hacen girar los engranajes del mundo nos interesan menos; que estamos bien en la salud, la educación, los cuidados, los servicios. También vamos a tener que forzar esa cerradura y entrar en tropel para cambiar las cosas.

Seguimos viviendo en un contexto en el que los baremos son distintos para hombres y para mujeres, no empezamos en la misma línea de salida, por lo tanto seguimos necesitando herramientas para corregir estas desventajas, no hay discusión. Las cuotas son necesarias como palanca si el objetivo al que queremos llegar son democracias saludables. Un sistema en el que solo una

---

[32] Varela, Nuria. *Feminismo para principiantes*. Barcelona: Ediciones B, 2013. Cita a Cobo, Rosa, *Género*, *op. cit.*, págs. 63-64.

parte de la población —con unas problemáticas concretas— tome las decisiones por toda la sociedad no es un sistema democrático.

Mujeres al peso

Tengo una mala noticia. Una mujer o incluso muchas mujeres en lugares estratégicos no garantizan el feminismo, solo aumentan las probabilidades. El feminismo es un conjunto de ideas, una aproximación a los derechos humanos, la política y las relaciones personales; y aunque lógicamente seremos las mujeres quienes se beneficien de sociedades más feministas, es decir, mejor repartidas, disponer de una vagina o identificarse como mujer en el caso de las trans no asegura una determinada manera de pensar.

Tengo que hablar de una cuota de la que no me apetece nada hablar, a quienes están en contra de la discriminación positiva les encanta hablar de este cupo en concreto. Es el de las mujeres terribles, insolidarias, malvadas, explotadoras, fascistas, ellas y la meritocracia son el argumento favorito del machismo para negar la efectividad de la discriminación positiva ¿Por qué aupar a las mujeres a los puestos de poder si pueden ser tan incompetentes y crueles como los hombres?

Recordemos lo que decía Simone de Beauvoir, que el opresor no sería tan fuerte si no tuviera cómplices entre los oprimidos, y es cierto. Existen las cómplices y además son muy visibles. Existe Lauren Southern, exitosa *youtuber* canadiense de ideas conservadoras y tránsfobas que coquetea con el supremacismo blanco, conocida por un vídeo en el que explica por qué es antifeminista. Uno de sus argumentos es que también hay hombres que sufren violaciones. Se le olvida dar el dato de que sus violadores fueron otros hombres. Existe Marine Le Pen, líder ultraderechista francesa abiertamente xenófoba, incitadora al odio entre vecinos en un país multicultural. Existe Alicia V. Rubio, vicesecretaria de movilización del partido de extrema derecha VOX, quien califica la Ley de Violencia de Género —la única herramienta de la que disponemos para acabar con una inercia que se ha llevado por delante más vidas que el terrorismo en España— de «invento legal retrógrado, cuya existencia se debe a la ignorancia de la mayoría y la maldad interesada de una minoría». Existe María de los Ángeles Carmona, parte del Consejo Superior del Colegio de Médicos de la Provincia de Buenos Aires, partidaria de la objeción de conciencia de los profesionales sanitarios respecto al aborto, que deja a las mujeres desamparadas y les niega la soberanía sobre su propio cuerpo. Todas existen, todas destacan y sin feminismo no hubieran llegado a los púlpitos desde los que están hablando. Sus voces se escuchan en lugares en los que antes solo se oían voces de hombres, pero su discurso es el del autoritarismo, el conservadurismo, la falta de solidaridad y el racismo. De poco sirve que cambie la frecuencia si el mensaje sigue siendo el mismo. Ninguna de ellas va a cambiar nada para mejor.

¿La presencia de mujeres no garantiza progreso? Posiblemente, pero su ausencia es inaceptable. Es un desajuste antidemocrático que hay que corregir como sea. La foto del ejecutivo nombrado por Pedro Sánchez en junio de 2018 incluía a once ministras y seis ministros. La excitación era grande en aquellos días y por todas partes se escuchaba la buena nueva de que ya teníamos Gobierno feminista, pero realmente aún no sabíamos si lo era o no. El feminismo no es una foto llena de mujeres, sino una carrera de fondo de actos. Una mujer al frente de una gran compañía, o de cien, no es un triunfo del feminismo si está ahí para explotar a sus empleados y empleadas, si no facilita la conciliación del trabajo con la vida y los cuidados, si perpetúa la precariedad, la falta de derechos, la explotación de personas y recursos naturales. No, la cuota de mujeres no es igual que la cuota feminista, de nada sirve la igualdad numérica, la equivalencia al peso, si los modos de hacer no cambian con nuestra presencia.

Pero aun así la presencia es un primer paso imprescindible. Necesitamos que el poder quede repartido entre gente que no es tan parecida entre sí y la verdad es que personalmente no puedo evitar que me guste ver esa foto. Me genera esperanza porque, igual que sucedía con la exposición de «Realistas de Madrid», se acerca más a un mundo equilibrado. Me da la sensación de que las decisiones que atañen a mi salud reproductiva, por ejemplo, no se toman en un bosque de trajes y corbatas. Cuando la miro, me veo. Esas mujeres están ahí gracias al feminismo y solo espero que se acuerden.

18
Para la libertad

Mi madre nació en Madrid, en el verano de 1939. Soy la pequeña de dos hermanos y tres hermanas. Ella, Rosa, y mi padre, Ernesto, querían una familia grande, muchos niños con infancias felices, libres, llenas de seguridad y amor para curar sus infancias de posguerra y dictadura.

Con poco más de veinte años, mi madre decidió irse a Londres sola. Algo inaudito para una chica joven en la España de los sesenta. Quería aprender inglés, tratar de mejorar su futuro, ver mundo, salir del irrespirable Madrid franquista. Cuando se lo comunicó a su padre, él le dijo que si se iba a Londres, la mataba. Ella le contestó que fuera preparando la escopeta, hizo la maleta y se marchó. Mi abuelo era un republicano manso y lo de la escopeta era pura chulería, ella se fue y él se resignó. Rápidamente empezó a contestarle las cartas y la recibió con abrazos desarmados cuando volvió de Inglaterra, años después más preparada, más libre y bastante nerviosa porque traía un libro de Orwell prohibido por Franco en la maleta. Trabajó en el Hammersmith Hospital limpiando salas de operaciones, era tan menuda que se tenía que dar dos vueltas a la bata más pequeña que había; también estuvo empleada en la embajada de Cuba y, por último, hizo de chica para todo en la casa de una familia burguesa, los Wolf, que la trataron como a una hija y le enseñaron todo el inglés que aún hoy, con ochenta años, habla exquisitamente. Anduvo con exiliados, conserva una foto que se hizo con Marcos Ana y otra en la gran manifestación contra la bomba H en Trafalgar Square. Con su inglés fluido, le resultó mucho más fácil encontrar trabajo en una agencia de viajes y gracias a ese empleo pudo recorrer Italia, ver las pirámides o alojarse en el hotel Negresco de Niza. Logró vivir, al menos en parte, una juventud acorde con sus inquietudes, algo que hoy para nosotras es tan natural como respirar y que su generación se ganó dejándose la piel.

No he sido realmente consciente de lo excepcional que fue la experiencia de mi madre hasta que empecé a leer sobre los derechos de las mujeres en España. El adulterio se despenalizó en 1978, hasta 1981 las mujeres debían pedir permiso a su marido para poder trabajar, cobrar su salario, abrir una cuenta bancaria, el marido podía disponer de sus bienes sin su consentimiento, la mujer soltera se equiparaba a una menor. Algunos derechos adquiridos durante la República, como el divorcio, se perdieron con la dictadura. Lo que pedían las feministas de la Transición en primera instancia era la amnistía de aquellas que estaban en la cárcel por haber abortado o usado anticonceptivos. Solo dos semanas después de la muerte de Franco, y sin ninguna formación política, las feministas españolas se organizaron y celebraron las Primeras Jornadas por la Liberación de la Mujer. Desde ahí empezaron a avanzar paso a paso en la conquista de sus derechos. Siempre conviene mirar el paso anterior, siempre hay que preguntarse de dónde vienen las que se movilizan, hasta qué punto es complicado hablar de libertad y de derechos cuando son palabras completamente ajenas para ti. La libertad no aparece de un día para otro, puede que en el exterior sí, en la Constitución, en las leyes, pero no dentro de las personas que han vivido en la represión, eso requiere mucho más tiempo. Aquellas mujeres se habían criado en la España de la Sección Femenina y sus dictados de sumisión absoluta, del consultorio radiofónico de Elena Francis, un personaje que recibía las cartas, a menudo desesperadas de las españolas[33] y que también les dictaba sometimiento total a los hombres y tolerancia a cualquier tipo de maltrato, incluidas las violaciones dentro del matrimonio.

Me contaba el poeta Benjamín Prado que, en las presentaciones de su novela sobre el franquismo *Mala gente que camina*, solía leer fragmentos de los textos de la prensa y los consultorios de la época con consejos para ser una buena esposa. «Si tu marido sugiere prácticas sexuales inusuales, accede humildemente, después caerá en un profundo sueño», me recitaba de memoria, «aprovecha para aplicarte tus productos para el cabello y asegúrate de levantarte antes que él para que tenga un café caliente». Me contó que la gente se reía por lo inverosímil de aquellas normas, por lo lejanas que parecían, hasta que un día una mujer del público levantó la mano muy seria y dijo: «Le puedo asegurar que, cuando estabas ahí, esto no tenía ninguna gracia». A Prado

---

[33] Balsebre, Armand y Fontova, Rosario. *Las cartas de Elena Francis*. Madrid: Cátedra, 2018. Este estudio recoge un conjunto de cartas que reflejan las experiencias de las mujeres durante el franquismo, a menudo de violencia. La respuesta que recibían era siempre pasar por el sometimiento total al marido o al padre.

le sorprendió sobre todo que aquella mujer que congeló las risas del auditorio no fuera ninguna anciana.

Las mujeres que vivieron la opresión explícita, las que fueron ciudadanas de segunda y no podían ser dueñas ni de sus cuerpos ni de sus destinos, no solo son parte de la historia, están entre nosotras. Son nuestras madres y abuelas, nos mandamos whatsapps con ellas, escriben los libros que leemos, se cruzan con nosotras en el metro, votan a nuestro lado. Me pregunto cuántas de la edad de mi madre o más jóvenes se encontraron con el cerrojo en las narices cuando fueron a salir, cuantas no pudieron moverse, ya no del país sino del quicio de su puerta, y pasaron de la tutela del padre a la del marido. A cuántas sí les sacaron la escopeta.

Conviene tener muy presentes lo jóvenes que son los derechos de las mujeres, en España y en todas partes, y no darlos por sentado ni un solo día. No es un ejercicio de nostalgia ni de sentimentalismo, es pragmatismo puro, gestión inteligente de los avances que hemos hecho y no queremos perder bajo ningún concepto. Incluso mi generación, la de las feminazis irritantes que lo tenemos todo y nos quejamos por nada, llegamos a ver el famoso «mi marido me pega lo normal» de Martes y Trece en la televisión y hoy estamos a merced de jueces machistas en los tribunales, también herederos de aquella España gris, que nos ha dejado a las luchadoras y luchadores, pero también muchas rémoras miserables. Las conquistas feministas y los más rancios lenguajes machistas nos pisan los talones.

Soy una mujer soltera que se administra su vida sola, viajo, tomo el sol desnuda, manifiesto mis opiniones políticas a chillido limpio y frecuentemente lo hago en manifestaciones o en bares hasta altas horas de la madrugada; también las escribo y me las publican a cambio de dinero. Me dedico a lo que me gusta, pude estudiar lo que me interesaba. He elegido libremente a quién amar, hombres y mujeres, soy dueña de mi cuerpo, mi tiempo y mi destino. Lo que yo hago con naturalidad solo una generación antes habría mandado mis huesos a la cárcel. Una generación, solo una.

Por eso me escandaliza el «ya hay igualdad». La libertad no se logra de un día para otro porque la opresión sobrevive dentro de las oprimidas, en las ideas y en las costumbres, mucho tiempo después de que se hayan cambiado las leyes. Solo ha pasado una generación y aún hay que cuidar y alimentar esa libertad. Y sobre todo pensar muy bien para qué la vamos a usar. No querría ponerme de cara a la historia, de cara a estas mujeres tan duras y tan valientes, las de todas partes del mundo que lucharon para que nosotras podamos ser lo que somos y decirles que voy a ejercer una libertad de jardín de infancia.

Ser feminista no es hacer lo que te dé la gana, es precisamente no hacer casi nada de lo que te da la gana. Es reflexionarlo todo, contener el egoísmo, cuestionar lo establecido, incomodarte tú e incomodar a los que te rodean, ser la aguafiestas que corta la broma machista, la que nunca compraría lo que se fabrica en las trituradoras de personas del mundo, la que denuncia los privilegios de otros sobre ella a la vez que reflexiona sobre sus propios privilegios sobre otras. La que no descansa porque le corre prisa el cambio. Hay que pensar y hay que hacer. Esto es una revolución, no una fiesta de pijamas. El feminismo no es un método de autoayuda para ayudarte a ascender en el trabajo, no es un manual de estilo para reprender a quien te llama «médico» en lugar de «médica», tampoco es un arma arrojadiza que lanzar a la cabeza a quienes no estén de acuerdo contigo y ahorrarte la discusión. Es mucho más que eso.

Oigo demasiadas veces la palabra «libertad» aplicada a las mujeres y colocada en contextos que no entiendo, hasta nuestra libertad la quieren usar en nuestra contra, convertirla en un chiste. Que tengamos libertad para operarnos las tetas siendo adolescentes. Libertad para llevar un burka. Se atreven a vincular la libertad a la prostitución, un negocio que se nutre de la trata de seres humanos, la máquina de opresión patriarcal más antigua del mundo[34]. Insisten en el mito de la libre elección para poner nuestros cuerpos en el mercado desde las situaciones más desesperadas. La libertad de las mujeres para alquilar sus úteros como si fueran cuartos trasteros. Es una broma pesada hablar de libre elección en un mundo lleno de mujeres encogidas aún por los mandatos de una sociedad que no está hecha para ellas. Hagamos honor a la libertad que nos estamos ganando, que ganaron para nosotras y usémosla para avanzar; si podemos elegir, no elijamos lo de siempre.

El feminismo como palanca

En estas páginas he hablado mucho de cuánto se menosprecia el carácter transformador del feminismo, este error también tiene que ver con la desmemoria, pero cada una de las oleadas feministas ha recibido una reacción contraria para devolvernos al redil. Para que diéramos un paso atrás por cada dos hacia delante. Incluso movimientos supuestamente emancipadores han dejado de lado la lucha de las mujeres por secundaria, por aplazable.

---

[34] Nuño Gómez, Laura y de Miguel Álvarez, Ana. *Elementos para una teoría crítica del sistema prostitucional*. Granada: Comares, 2017.

Hoy, desde lugares supuestamente progresistas, se culpa al feminismo del auge de la extrema derecha en toda Europa, en Brasil, en Estados Unidos. Ahora nos dicen que hemos hablado demasiado alto y hemos despertado a los monstruos, pues ya era hora. Mala señal si los monstruos estaban retozando a gusto disfrazados de demócratas en un mundo que no les molestaba. Las feministas siempre hemos estado en el lado opuesto al autoritarismo, el fascismo, la injusticia.

Pues claro que la culpa ha sido de las feministas. ¿Qué pensabais que era esto? ¿Una broma? ¿Un lema de camiseta? Estamos hablando de violencia estructural, de justicia social, estamos operando cambios en los parlamentos, en las casas y en las mentalidades. Estamos poniendo muchas muertas encima de la mesa. Claro que la respuesta rancia y reaccionaria es culpa de las feministas. Es una culpa compartida con los y las antirracistas, con quienes luchan por los derechos de las personas LGTBI, con quienes defienden que lo que hay que proteger son las vidas humanas, no las fronteras, con los incómodos, con las incómodas, con esos chavales que se pintan los labios y reclaman su diferencia, su belleza interior y exterior en YouTube. La culpa es de tu prima lesbiana que, por fin, contesta a las bromas del tío Pelayo. Ella, nosotras, tenemos la culpa de reclamar nuestra dignidad.

Pues claro que la culpa es nuestra. Es culpa de la lluvia que crezca el bosque y llene la atmósfera de oxígeno renovado.

Esto de la igualdad iba en serio, la comodidad estaba muy mal repartida. Por supuesto la reacción de quienes quieren mantener las cosas tal y como están es y será feroz. Nos encontrarán de frente. El camino no es sentarse a negociar con los defensores de la tradición, quienes defienden el continuismo para pulir las aristas de nuestra libertad que les molestan, no. Es no dar ni un paso atrás.

El feminismo no es inofensivo. Va a ser la palanca que lo transforme todo. El feminismo nos ha cambiado tanto a nosotras que nosotras vamos a cambiar el mundo.

Agradecimientos

Gracias a Olga y Lidia por estar desde el principio de esto y durante todo el camino, por la paciencia y la amistad infinita. A mi editora, Ana Lafuente, que posiblemente es la persona con más inteligencia emocional de España y la mejor gestora del agobio que he conocido. A mis amigos del alma: Ernesto, David, Ana, Sara, Íñigo, Juanjo, Allegra, Juan y Alice. A Esti por el amor, los cuidados y las correcciones. A mis queridas compañeras de la galería Marlborough de Madrid, que son la sororidad encarnada. A todas las incansables mujeres que con sus ideas, sus conferencias, sus libros y sus manifestaciones han ganado los derechos de los que disfrutamos nosotras.